读客中国史入门文库

顺着文库编号读历史,中国史来龙去脉无比清晰!

古代人的衣食住行

王 磊 著

北京日报出版社

图书在版编目（CIP）数据

古代人的衣食住行 / 王磊著. -- 北京：北京日报出版社，2024.3（2024.11重印）
ISBN 978-7-5477-4626-4

Ⅰ.①古… Ⅱ.①王… Ⅲ.①社会生活 - 中国 - 古代 - 通俗读物 Ⅳ.①D691.93-49

中国国家版本馆CIP数据核字(2023)第110599号

古代人的衣食住行

作　　者：	王　磊
责任编辑：	曲　申
特约编辑：	徐　成　刘　芬
封面设计：	陈　晨
封面插画：	王　晓
出版发行：	北京日报出版社
地　　址：	北京市东城区东单三条8-16号东方广场东配楼四层
邮　　编：	100005
电　　话：	发行部：（010）65255876
	总编室：（010）65252135
印　　刷：	天津联城印刷有限公司
经　　销：	各地新华书店
版　　次：	2024年3月第1版
	2024年11月第4次印刷
开　　本：	880毫米×1230毫米　1/32
印　　张：	10.25
字　　数：	209千字
定　　价：	59.90元

版权所有，侵权必究，未经许可，不得转载
凡印刷、装订错误，可调换，联系电话：010-87681002

目 录

➡ 序
古代穿越指南　　　　　　　　　　　　003

➡ 生活篇
01　古代的厕所长什么样子？　　　　　011
02　古人上厕所用什么擦屁股？　　　　017
03　古代的床长什么样子？　　　　　　021
04　古人的住宅面积有多大？　　　　　026
05　古人见面为什么要跪拜？　　　　　030
06　古人如何生火？　　　　　　　　　034
07　古人冬天如何取暖？　　　　　　　039
08　古人夏天如何降温？　　　　　　　043
09　古人夏天如何驱蚊？　　　　　　　048
10　古人用什么化妆品？　　　　　　　052

11	古人用什么洗头发？	056
12	古人用什么洗脸？	059
13	古代男子有哪些发型？	063
14	古人刷牙吗？	067
15	古人养宠物吗？	071
16	古人能活多少岁？	076

饮食篇

17	古人一天吃几顿饭？	081
18	古代的"炊饼"是什么饼？	085
19	古人经常吃牛肉吗？	089
20	古人吃哪些蔬菜？	092
21	古人什么时候开始吃炒菜？	096
22	古人用什么餐具？	100
23	古人吃火锅吗？	105
24	古人什么时候开始吃辣椒？	110
25	古人怎么喝茶？	113
26	古人为什么那么能喝酒？	118

文化篇

27	古人说话也用文言文吗？	125
28	古人能听懂我们说话吗？	129
29	中国方言是怎么形成的？	133

30	古代有普通话吗？	137
31	古人如何学普通话？	141
32	古人如何学外语？	145
33	古人如何取名字？	150
34	古代皇帝有哪些称号？	154
35	古人如何计算年份？	159
36	古人过元旦吗？	164
37	古人如何看时间？	168
38	"七尺男儿"到底有多高？	173
39	"学富五车"到底有多厉害？	177

情感篇

40	中国古代的情人节是哪一天？	183
41	古代的光棍多吗？	187
42	古人多大年纪结婚？	190
43	古代结婚难吗？	195
44	古代婚礼在什么时间举行？	201
45	古代的婚姻制度（上）	205
46	古代的婚姻制度（下）	210
47	古人如何离婚？	215
48	古人为何瞧不上绿色？	219

社会篇

49	古代的钱长什么样子?	225
50	古代一两银子值多少钱?	230
51	古人花银子如何找零?	235
52	古代下顿馆子多少钱?	239
53	古人如何存钱?	241
54	古人一年要缴多少税?	245
55	古代哪个行业最赚钱?	249
56	古人如何寄信?	253
57	古人如何运输"加急快递"?	258
58	古人出行如何认路?	262
59	古人上学要花多少钱?	266
60	古人上学累吗?	271
61	古代女子能上学吗?	275
62	古代学生都学些什么?	281
63	古代如何参加科举考试?	285
64	古代的"八股文"真的一无是处吗?	294
65	古人有身份证吗?	298
66	古代的社会福利机构怎么样?	304
67	古代的孤儿院怎么样?	308

后 记   313

参考文献   316

序

古代穿越指南

本书主要讲述古人的日常生活。鉴于许多朋友离开学校的历史课多年,可能连中国历史朝代顺序都记不清了,所以我们先"温故"一下,而后再"知新"。

中华文明是人类历史文明中唯一没有中断过的古文明,一朝一代延续下来,犹如地层之堆积。每个朝代都有详细的历史记载,比如大家熟知的"二十四史"。这么多的朝代,该如何来记呢?我们可以根据朝代特点,将众多朝代整合,分为六个大时期,分别是:先秦、秦汉、三国两晋南北朝、隋唐、五代辽宋西夏金、元明清。

第一个时期是先秦。所谓先秦,就是秦朝统一之前,包含夏、商、周三朝。夏朝作为一个历史朝代是否真的存在,史学界还存在争议。我们常说的中华上下五千年,是说可考证的历史有四千余年，取其整为五千年。但一般来说，判断文明诞生的重要标准是文字的出现，所以甲骨文出现后的中国历史才是有客观文字记载的文明史。甲骨文诞生于商代，算下来已有三千多年的历史。先秦时期是中华文明的奠基时期，相当于古代中华文明的襁褓与少儿阶段。

第二个时期是秦汉。秦朝二世而亡，之后是汉朝。汉朝中间有个王莽新朝的插曲，这又把汉朝分为西汉和东汉，也叫前汉和后汉。秦汉是中国历史上第一个大一统时期，制定了许多延续千年的制度。这一时期相当于古代中华文明的少年时期，朝气蓬勃，荷尔蒙旺盛。

第三个时期是三国两晋南北朝。当时国家正处于大分裂状态，北方少数民族南迁推动了民族大融合，中原文明则"衣冠南渡"，南方因此得到了开发。这一时期相当于古代中华文明的青春期，既有少年时期的烦恼，又有青春期的躁动。

第四个时期是隋唐。这一时期国家再次实现了统一，文明也蓬勃发展。唐朝文化自信、开放、包容。既海纳百川，又普照万邦；既辐射周边，又影响后世。这一时期相当于古代中华文明意气风发的青年阶段，充满着诗情，眺望着远方。

第五个时期是五代辽宋西夏金。在这一时期，中原地区相对统一，周边少数民族政权并立。代表古代中华文化登峰造极状态的宋朝，其经济之富庶、文化之繁荣、政治之文明，已处于近代化的前夜。宋朝的历史地位，相当于古代中华文明事业有成、心态成熟的中年阶段。只是面对又一个如南北朝一样政权林立的时期，宋朝应付得有些力不从心，产生了"中年危机"。

第六个时期是元明清。这个时期国家高度统一，专制皇权达到巅峰的同时，整个社会压抑，科技水平也逐渐落后于西方。这个时期相当于古代中华文明的暮年阶段。人到暮年，身体慢慢衰老。在西方近代文明的坚船利炮之下，古代中华文明受到最剧烈的冲击。

以上这六个时期，彼此之间其实存在着某种似有若无的规律，即分裂与统一交替排列。先秦是分裂的，秦汉是统一的，三国两晋南北朝是分裂的，隋唐又是统一的，五代辽宋西夏金是分裂的，元明清又是统一的。这正应了《三国演义》开篇之言：天下大势，分久必合，合久必分。

当人们遥望浩瀚星河，回首千年中华时，可能会产生穿越回去的冲动。那么，穿越回古代哪个朝代会更幸福呢？

无论在古代哪个朝代，王侯将相永远都是幸福的，因为他们是特权阶层。普通民众则有时欢喜，有时忧愁。作为普通民众，考虑的多是柴米油盐酱醋茶的日常生活。影响日常生活的因素是多方面的，主要有以下四点：社会稳定程度、经济发展状况、政治文明水准与文化繁荣程度。

最不幸的朝代，连人的基本生存都无法保障。秦、三国两晋南北朝与五代中的大部分时期就属于这样的朝代。战争连年，老百姓没有安稳的日子过。今天被征兵，明天就可能战死沙场，活命都是难题。我们读《三国志》，感觉那个时代英雄辈出，却较少想到在其背后是政治上的大混乱。并非时势造英雄，而是乱世造英雄。仔细想想，如果是和平安定的时代，老百姓安居乐业，国家机器正常运转，哪里需要英雄挺身而出呢？越是乱世，越是出英雄——也并非都是英雄，大部分乃是枭雄。

混乱的时代，社会经济发展也会受到影响，老百姓可支配的钱财物资因战争被国家竭泽而渔。《汉书·食货志》记载秦朝"内兴功作，外攘夷狄，收泰半之赋"，所谓"泰半之赋"就是指国家要征收百姓约三分之二的田产。即使你没死于战争，也不过是国家收税时的"备用金"而已。这些时代的政治秩序混乱，靠的都是尔虞我诈、弱肉强食。然而，三国两晋南北朝时期并非一无是处，至少在文化上是自由的。这种自由主要源于朝廷对国家管控能力的下降。

比上述几个混乱时代稍好一点的是元明清，君主专制社会的巅峰时代。文化上很压抑，但社会稳定，经济也能发展，老百姓虽不自由，但至少活下去没多大问题。有的朋友会认为元朝有四等人制度，清朝又有"留发不留头"的政策，明朝会比这两个少数民族政权好不少。其实，这种好与不好在基层社会中的体现并没有那么明显。元明清三朝的区别，仅在于权贵的民族属性不同。同样都是奴仆，换个主子难道就幸福了吗？

汉朝与隋唐时代，中华文明开放自信，八方来贺，万国来朝，奠定了中华文化圈的基础。这几个朝代的经济也相当富庶，特别是隋唐的盛世时期。例如杜甫回忆中的开元盛世是"稻米流脂粟米白，公私仓廪俱丰实"的时代。然而，如果你要穿越回汉朝的武帝时代则需要慎重，那可是"一将功成万骨枯"的时代。不要期待自己上了战场就会成为拓土开疆的万户侯，"白骨乱蓬蒿"的下场可能性更大。

这里特别说一下宋朝。宋朝统治者是颇具人情味的，宋朝开国皇帝赵匡胤立下祖训"不得杀士大夫"。另外，宋朝城市发达，还有夜市。要知道在唐朝之前，晚上是不能随便出门上街的。宋朝还有娱乐场所"瓦子"。史学家陈寅恪就讲过华夏文化"造极于赵宋之世"。如果真的能穿越回古代，我一定选择宋朝。

生活篇

01 古代的厕所长什么样子?

有人统计过,一个成年人每天上厕所六次至八次,算下来一年约有三千次。按照平均每次两分钟计算,人的一生中,大约有一年的时间是在厕所中度过的,而在手机发明之后,这个时长可能还要翻倍。与我们一路相伴的厕所,在古代又是什么样子呢?

在上古时代,厕所很简陋,就是露天挖一个大坑,人在坑边如厕。后来,人们在粪坑上面搭建了小屋,估计是怕露天风大把人吹进粪坑。那时候上厕所的确是一件危险的事,如果不小心掉进坑里,不摔死也会被淹死。你别笑,历史上还真有这样的事:春秋时期的晋景公,就是如厕时掉进粪坑淹死的。《左传·成公十年》就记载过晋景公"如厕,陷而卒",但也有人分析,认为他是上厕所时突发疾病才掉进粪坑死的。晋景公因此成为历史上第一个死在厕所里的君主。

△ 西汉红陶厕所猪圈

秦汉时期,老百姓家的厕所一般设在宅院的后方,搭建在高处,下面连通猪圈,人排泄出来的粪便可以直接掉进猪圈给猪吃,这种厕所叫作"圂"(hùn)或"圂厕"。圂厕的好处有三个。首先,把厕所和猪圈两个污秽处结合在一起,减少了污染源,并将人畜粪便合一,方便清理和利用。怎么利用?用来做肥料。在没有化肥的古代,人畜粪便是最好的农业肥料。其次,将人粪作为猪的辅助食料,有利于资源再利用。最后,将厕所设在猪圈上方,结构立体,占地面积小,从而达到了节约空间的目的。这种圂厕在南北方的农村都曾流行过,直到"厕所革命"后才逐渐消失。

△ 徐州龟山汉墓的厕所

贵族的厕所就要上档次了，反正是不能放在猪圈上面。江苏徐州龟山汉墓是西汉第六代楚王刘注的陵墓，墓室里卧室、客厅、厨房等设施一应俱全。其中就有一间厕所，可以还原两千多年前贵族上厕所的"风采"。这个厕所是一个小房间，厕具是一个"蹲坑"，蹲坑上有两条光滑的石条，可以两脚分开蹲在上面。蹲坑后面有块高石板，蹲着的时候可以靠着。蹲坑侧面也有块高石板，石板上还有一个把手，这是如厕后站起来时的拉手，毕竟长时间蹲坑容易腿麻。在蹲坑的旁边，还有两个陶制的盆。有人推测这两个盆是冲厕所用的，当然也可以用来洗屁股。在河南永城芒砀山汉墓里，还发现了更高级的厕所，厕具是一个石制的坐便器。坐便器后还带有冲水管道，可以自动冲水，这就很像今天的冲水马桶了。

古代还流行一种便携式的如厕器具，因其形状似老虎，所以叫作"虎子"，也就是我们俗称的夜壶。至于为何以虎为器形，说法比较多。有一种说法认为这是表示古人对老虎的厌恶。还有一种说法认为这和汉朝名将李广有关——据《西京杂记》记载，李广打猎时射死一只老虎，便"铸铜象其形为溲器，示厌辱之也"。但现存最早的虎子是战国时期墓葬出土的，这说明虎子的出现远在李广之前。

△ 东汉越窑褐釉虎子

虎子极大地方便了古人如厕，这说明古人也追求便捷，晚上也不愿意到屋外面上厕所。不光男人可以用虎子，古代也有女用虎子，这种虎子口部偏大，口部上方还有一个盘子形状的外延，防止尿到外面。

到了唐朝，由于开国皇帝李渊的爷爷叫李虎，古人讲究避尊者讳，怎么能把开国皇帝爷爷的名字用在如厕的器具上呢？于是，"虎子"就改名为"马子"。随着时代的发展，古人对马子的要求也随之变高，不光要能装尿，还要能装粪便，所以马子的形制也加大了，变成了桶形，"马桶"因此诞生。

马桶一经发明，便广受城市居民喜爱，以其占地小、味道轻、方便清理等优点成为城市居民居家必备之物。古人也讲究环保，马桶装满了，是不可以随处倾倒的，必须由专门的人来收。这种城市里专门收集、运输粪便的职业，在宋代文献《梦粱录》中叫作"倾脚工"。他们挨家挨户收集粪便，并将其运送到城市周边的农村贩卖，获利颇丰。唐朝有个叫罗会的人以收粪为业，竟然成为富豪。《朝野佥载》记载："（罗）会世副其业，家财巨万。"由此看来，拾粪工在唐朝还是个高薪职业。

到了南宋，粪便收集已经形成了相当规模的市场，竞争十分激烈，还有人为了争夺收粪市场而进行诉讼。

明清时期，北京城内从事粪便清运职业的人被称为"粪夫"。他们将收集到的粪便运到郊外的"粪厂"，粪厂会将粪便晾晒成肥料卖给农民来获利。生活在不同区域的居民，产生的粪便是不一样的，其价值也不同。比如富人区的人吃得好，粪便质量高，肥力足，能卖上好价钱。因此，粪夫们经常为了争夺"高端市场"而发生争斗。到了清朝初年，粪夫们商议划定了专属工作区域，并签字画押，不得越界收粪。这种固定的收粪区域和收粪路线，被称为"粪道"，这是一种特殊的"特许经营权"，还可以转让买卖。其他城市的情况也是如此，例如上海的粪夫绰号是"倒老爷"。

  直到近代普及抽水马桶后，粪夫的职业才慢慢消失。厕所的进步，是衡量人类文明发展的重要尺度。一部厕所的发展史，也是人类文明的进步史。

02 古人上厕所用什么擦屁股?

上一篇讲了古代的厕所长什么样,这一篇继续聊"重口味"的话题,讲讲古人上完厕所用什么擦屁股。用学术语言讲,就是探讨一下古代的"拭秽习俗"。

先放眼海外,看看其他古文明的人们用什么擦屁股。据说罗马帝国时就已经有了公厕,公厕内的擦屁股材料是海绵。古罗马人将海绵绑在棍子的一端,蘸湿后用来擦屁股。擦完后,将棍子插入一个专门的水槽中浸泡海绵,水槽里盛有高浓度的盐水。盐水擦屁股,有消毒杀菌的功效,倒也挺卫生。

我们再将视角转回国内。唐代时,阿拉伯人苏莱曼所著的《中国印度见闻录》中有了关于中国人用厕纸的记载。到了元代,厕纸的使用还仅限于皇室,尚未普及。并且那时候的厕纸不像今天这般柔软,在使用前得反复揉搓软化。据《元史·列传第三·后妃二》

记载，裕宗徽仁裕圣皇后当太子妃的时候对婆婆昭睿顺圣皇后非常孝顺，婆婆上厕所擦屁股之前，她都会用自己的脸试试厕纸的柔软度，柔软度够了才给婆婆用。说到这儿，我想起了电视剧《我爱我家》中的"金刚砂"牌手纸，老傅同志每次使用前，都得至少做十分钟的软化处理。

明清两朝继续使用纸张来擦屁股。小说《红楼梦》里，刘姥姥在大观园上厕所之前就找丫鬟要了纸。但是，古人用纸拭秽是有讲究的，那就是不能用带字的纸。并不是怕字印到屁股上，而是觉得那样是对文化的亵渎。正如颜之推在《颜氏家训》中所言："吾每读圣人之书，未尝不肃敬对之，其故纸有五经词义，及贤达姓名，不敢秽用也。"清朝时，官方明令禁止在可能用来拭秽的纸上印字。在民间传说中，用印了字的纸拭秽会遭到报应。1873年3月14日的《申报》就刊载了这样一则故事：一女子用字纸拭秽，扔入便桶，遭雷击跪倒。

那古代的老百姓用什么擦屁股呢？答案是"厕筹"。这是一种二十多厘米长的条形木片或竹片，古人如厕后就用这个东西擦拭。史料中，中国人最早用厕筹的记载见于三国时代。而考古发现的厕筹比这个时间还要早。在对甘肃敦煌的马圈湾烽燧遗址（西汉宣帝时使用的烽火台）的考古发掘中，曾在厕所附近发现了大量的简牍。简牍是纸张普及之前的书写材料，难道古人上厕所的时候也爱看书吗？经过化验，发现这些出土的简牍上混有不少人类的粪便。

由此推测，这些简牍是废物利用当厕筹用的。20世纪末，卫生纸在中国尚未完全普及，人们上厕所就会用废弃的报纸或杂志擦屁股，顺便还能在如厕时阅读打发时间。学者王志轩分析，用厕筹拭秽的习俗，应该是受到了古印度佛教的影响。佛教徒很早就使用厕筹了，这还是释迦牟尼定下的规矩。后来，厕筹可能随着佛教戒律传入了我国。再后来，厕筹又从我国传到了日本，日本近年来也出土了大量厕筹。

那厕筹出现之前，古人用啥呢？这个问题，通过正史的文献记录很难考证了，毕竟古人对这种事情也羞于记载。但是我们可以合理猜测。中华人民共和国成立后，在一些贫穷的农村，人们上厕所还有用树叶、秸秆、卵石，甚至土块的。《大藏经》中也记载，释迦牟尼曾严禁用石块、土块、青草、树叶、树皮等物拭秽。综合对比可知，汉朝以前的人上厕所可能就用这些。猜测那时候人们得痔疮的概率一定很高。

我们今天上厕所使用的卫生纸，出现至今也就一百多年的时间，其发明的过程还很戏剧化。据说在20世纪初，美国史古脱纸业公司购进一大批纸，可由于运送过程中的疏忽，纸面因潮湿而产生皱褶无法使用。老板史古脱脑洞大开，在卷纸上打上一排一排的小洞，便于撕成小张纸片，然后卖给火车站、饭店、学校等地方，作为如厕用纸。史古脱将这种纸命名为"桑尼"卫生纸巾，因其柔软且好撕，在市场上大受欢迎，很快就风靡美国，而后又走向世界。

　　这种卫生纸不久也传到了中国，成为当时的奢侈品，一般人是用不起的。这里还有个由卫生纸引发的小故事。1948年9月，国民党山东省政府主席王耀武，在与解放军作战失利后装扮成小商人逃遁到寿光县（今山东寿光）一个村庄，在一座桥下解手时，他习惯性地使用了美国进口的高级卫生纸。当时在中国很多地区，人们上完厕所后还是就地取材，用树叶、秸秆、土块啥的，所以这雪白的卫生纸引起了当地群众的警惕，随即向解放军报告了这一情况。解放军"顺纸摸瓜"，最终擒获了王耀武。

03 古代的床长什么样子?

站着不如坐着,坐着不如躺着。古人的日常生活也追求休闲舒适,坐卧用具必不可少,这一篇就聊聊古人的坐卧用具。

古代最早出现的坐卧用具是床。早在母系氏族社会的半坡文化时期,就已经有了床的雏形——土床,类似于今天的炕。这种土床设置在房屋的中间,用土和石块堆砌成长方形,大约高出地面十厘米,可供坐卧起居。到了商周时期,床的形制被逐渐确立下来。由于年代太过久远,商朝的床很难保存至今。但从商朝的甲骨文中,我们可以略窥一二。"床"本写作"牀",其偏旁"爿"在甲骨文中的字形像是一块木板下面支撑了两个脚架,说明商朝的床大致形象是高于地面的木板。到了周朝,床的四周出现了围栏。在河南信阳长台关楚墓出土的战国彩漆木床,是中国古代床中最早的围栏床实物,床长二百一十八厘米,宽一百三十九厘米,四周有用竹木做的围栏，前后有缺口可以上下床。

床是人们晚上睡觉时用的寝具，而古人白天也需要坐、卧、躺，于是又发明了白天用的床——榻。今天我们常说的床榻，在古代是两种用具。"卧榻之侧，岂容他人鼾睡"，很多人将这句话中的"卧榻"理解为床，其实这是不对的。床是床，榻是榻，二者是有区别的。

床的起源是土床，榻的起源则是席子。古代最初没有椅子和凳子，起居坐卧都在铺于地面的席子上，这种生活方式被称为"席居制"。北方多用草席，南方多用竹席。到了春秋战国之际，贵族们觉得坐在席子上不够显示自己尊贵的身份，于是就发明了一种略高于地面的木制坐具。这种坐具比床矮小，移动方便，随坐随移，一般放在起居室或厅堂。这种低矮坐具就是"榻"，榻这一名称出现在西汉后期。后来又出现了加大的榻，人能够躺在上面，这就是前面说过的卧榻。

综上所述，床和榻的区别主要有三：从形制上看，床要大一些，榻要小一些；从用途上看，床是晚上用来睡觉的，榻是白天用来坐、卧、躺的；从摆放位置上看，床一般放在卧室，而榻一般放在起居室或厅堂。

尽管榻在中国出现得很早，但除了少数贵族用榻外，大部分人还是继续着"席居制"。只是铺的席子逐渐加厚，形成了所谓的"筵席"。筵席一般是用稻草、秸秆作材料；较为粗糙的材料铺垫在下层，称为"筵"；较为细软的材料铺在上层，称为"席"。东汉郑玄在《周礼注疏》中就讲："铺陈曰筵，藉之曰席。"古人常在筵席上面举行酒宴，所以"筵席"一词后来就成了酒宴的代名词。筵席后来传到了日本，日本人也在室内铺设筵席，慢慢就衍化成了后来的"榻榻米"。

席居制的时代，开始时人们都是席地而坐，坐姿是跪坐。唐朝中后期，床榻越来越高，人们便开始在床榻上垂足而坐。唐朝是一个敞开胸怀吸收外来文化的时代，特别是对北方胡人的文化非常热衷。胡人的生活习惯极大地影响着中原，最具代表性的事件就是胡床的流行。胡床虽然称作床，但体积很小，只能容一个人坐，更像今天的椅子。胡床是中国椅子的起源，"椅子"一词也是在唐朝才开始出现的。李白在《静夜思》中写道"床前明月光"，这里的"床"很有可能是这种胡床。因为胡床能放在院子里，所以李白才能在床上"举头望明月"。如果是传统的寝床，是陈放在卧室的，而在卧室是望不到天上的明月的，因为古代的窗户非常小，视野不够开阔，月亮一旦升起来，抬头看根本看不到。

五代到宋代，由胡床衍化出来的椅子在我国普及，并出现了风靡后世的太师椅。据说太师椅的发明与秦桧有渊源，因为秦桧又被称作秦太师，故而叫作太师椅。也正是在这一时期，古人彻底告别了席居制。当时的贵族圈还流行一种三面围起来的围床，《韩熙载夜宴图》里面的床就是这种。

明清时期，南方流行架子床和拔步床（也叫"八步床"），床变成了封闭式的，像一间小屋子；北方则一直流行炕。椅子则成为大众用品，非常普遍。这一时期还有一种介于床和榻之间的"罗汉床"，其造型特点是在榻上安有矮围子，形体较大，可坐可卧可躺，功能很像今天的沙发。今天的明清题材影视剧中经常有罗汉床出镜。

△ 架子床

△ 拔步床

△ 罗汉床

在古代，坐卧用具的使用还能体现礼制功能。汉朝时，用榻的一般都是有地位的人，独坐一榻更为尊贵。因此，能被邀请同榻而坐是对客人非常尊贵的礼遇。《后汉书》记载，东汉时有位太守陈蕃，非常爱才。当时有个叫徐稚的人，人称"南州高士"，很有学问，陈蕃与其交往密切。陈蕃在家中专门为徐稚设了一张榻，平时挂在墙上，徐稚来了就把榻放下，徐稚一走，就又把榻挂起来。这就是今天"下榻"一词的来源。而今在东北地区，如果家中来客人了，主人一般都会热情地招呼客人"上炕坐"，这种礼节也颇具古风。由此可见，无论是在古代还是现代，主人对客人的最高礼遇就是邀请客人同榻而坐。

04 古人的住宅面积有多大？

根据有关部门的统计，2020年我国家庭户人均住房建筑面积为四十多平方米。那古人的住宅面积有多大呢？咱们就以唐朝为例，看看古人是否需要"蜗居"。

唐朝实行"均田制"，就是国家免费给民众分配土地，宅基地也是如此。按照唐朝法律规定，良民三口之家分给一亩地来建房，六口之家可占两亩，良民最多分给两亩地来建房，贱民则另当别论。唐朝的一亩约合今天的五百二十二平方米。也就是说，即使是最一般的唐朝民众，法定住宅面积人均也就一百多平方米。但要注意，这只是纸面上的规定，实际情况可能会小于这个数字。另外，这个住宅面积是加上了院子面积的，房屋的建筑面积没有那么大。而且这一亩宅基地也主要针对农村居民，城里人多地少，空间紧张，因此唐朝法律规定分配土地给民众建房的条例，适用对象的范围并不包括大城市的居民。

那城里人的住宅有多大呢？根据敦煌文书中的《马法律卖宅院契》的记载，当时的二线城市敦煌有个叫马法律的平民，他家有五间房，分别是堂（客厅）、东间房、小东房、西间房和厨房，建筑物的套内总面积在八十二平方米左右。如果加上院子，总共在一百七十一平方米左右。

通过对马法律家的住宅和其他一些唐朝住宅面积的研究，我们基本可以知道唐朝人住宅结构的特点。首先，客厅一定要大，大部分在二十平方米以上，因为来了客人一定要引到最好的房子里去。其次，厨房也较大，大部分在十五平方米至二十三平方米，毕竟那时候要生火做饭，灶台之类的占地面积都很大。再次，唐朝的住宅都不见对厕所的记载，也许他们上厕所都在外面，或者用马桶。

△ 唐朝房屋三彩建筑模型

达官贵人的房子相较而言就要大得多了。比如白居易在东都洛阳时是太子宾客，其住宅有房屋，有水池，还有一片竹林，水上还建有小桥，占地面积十七亩，约合今天的八千八百七十四平方米，相当于一个小公园了。帮助平定安史之乱的大将郭子仪，后来被封为汾阳王。史书记载他在长安的住宅占亲仁坊的四分之一。坊是唐朝时的居民区，其规模类似于今天一个街道办事处的下辖范围。亲仁坊算是唐朝长安城诸坊里中等规模的一个坊，长度一千多米，宽度五百米左右。四分之一亲仁坊的面积，差不多相当于胤祉两个熙春园（清华园前身）的占地面积。有的朋友可能会震惊，这么大的宅院，可怎么住啊？不必担心，郭子仪全家上下有三千多口人呢！郭家人见面时，如果互相不熟，可能都不知道对方住在哪儿。脑补一下郭家人平时交往的场景：家人之间都是通过微信摇一摇认识的，见了面一聊天才发现，都是一个太爷爷生的。"原来你是东院的啊？早点回你的院子，天就要黑了，路上小心！"

到了宋朝，商品经济繁荣，城市迎来了大发展。由于大量人口的涌入，宋朝城市开始出现严重的住房紧张问题，地皮价格也高得离谱。如南宋都城临安（今浙江杭州），能买得起地皮盖房的，千万之家不过一二。大部分市民是买不起地皮盖房的，只能租房蜗居。《夷坚志》里记载了一个沈承务，他家住在衢州城里，房子没有客厅，就是一间临街的小屋，室内仅能"容膝"。除去夸张成分，沈承务的家应该不超过五平方米。陆游在《居室记》中详细记载了自己在绍兴鉴湖居住的房子，前堂后室，呈丁字形。室的大小为"南北二十有八尺，东西十有七尺"，经过换算，室的面积约合今天的四十三平方米多一点。堂的面积无法考证，姑且按室的面积来算，陆游的住宅面积不超过一百平方米。

  明清时期，住房紧张的状况得到了缓解。很多官绅巨富在老家盖的宅院，规模堪比王府大院。比如清代著名红顶商人胡雪岩，其在杭州的住宅占地面积达七千二百三十平方米，是典型的江南园林式豪宅。至于普通老百姓的住房面积，可以参看今天北京二环胡同里的民宅。一间房的面积普遍在十几平方米，普通人家也就是一两间房。如果谁家面积能超过五十平方米，那绝对称得上"大户型"了！

05 古人见面为什么要跪拜？

在影视剧里，大臣见到皇帝都要双膝下跪，百姓见到官员也要双膝下跪。不光是下跪，有的时候还要磕头，这就是跪拜礼。古人是自古以来就有跪拜的礼仪传统吗？

跪拜礼是古代礼制中的一种重要礼节，《周礼》中便有"九拜之礼"的记载。但跪拜礼只是作为一种礼仪在某些时刻出现。更常见的则是"跪坐"。先秦时，无论是宫殿庭堂，还是官府民宅，都没有桌椅板凳，大家都是在地面铺设的席子上席地而坐。那时的坐姿是双膝着地，臀部抵于脚跟而坐。

跪坐时代，如若需要向某人表示敬意，只要身体前倾并将腰杆伸直，臀部离开脚跟，即变为跪姿。如果双手触地，则转化为拜姿。先秦君主与臣下面谈时，双方都是跪坐，而臣下如果要表示敬意则需要离席行"稽首礼"。汉朝依然保留跪坐这种坐姿，现在我们在一些汉代的壁画中还能看到。

五代到宋朝，高型坐具椅子空前普及，古人不再席地而坐。既然平时不跪坐了，跪拜便成为刻意而做出的动作，尊卑色彩也更加明显了。宋朝的大臣对君主的跪拜通常都是在极庄重的仪式典礼上。平时大臣见皇帝也不跪拜，只是站立表示尊重，如果需要表示敬意，一般则行双手交叉的揖拜之礼。

元朝皇帝听取大臣上奏国事（御前奏闻）时，大臣一律下跪奏闻，极具卑微与谄媚色彩，这与元朝将君臣关系视为主仆关系的观念也是合拍的。明朝取代元朝，但跪拜的礼节没有改变。朱元璋甚至变本加厉，不光规定臣下见皇帝要下跪，下级向上司禀事也必须下跪。《大明会典》记载："凡司属官品级亚于上司官者，禀事则跪。凡近侍官员难拘品级，行跪拜礼。"清朝建立后，为了威服臣民，制定了一整套冗杂烦琐的社会政治礼仪。在这套礼仪里，不仅要对皇帝跪拜，还要磕头，具体还分为一跪三叩首、二跪六叩首、三跪九叩首等不同形式。光磕头还不够，还要磕得响，以至于有的大臣面见皇帝前要贿赂宫中太监，好让太监将其领到朝堂内的空心地砖处，这样磕头才磕得响。

清朝时，皇帝不光要求自己的臣民下跪，甚至要求外国的使者下跪。乾隆晚年时，英国使节马戛尔尼率团访华，就因为跪拜礼而与清朝官员发生了激烈争论。著名历史学家蒋廷黻先生甚至认为，马戛尔尼的跪拜礼等问题，正是几十年后中英爆发鸦片战争的深层次原因之一，这体现了天朝秩序与近代外交的冲突。需要说明的是，当时的中国臣民跪拜习惯了，还以为世界各国都是要对君主跪拜的。1866年，清廷官员考察英法等国，惊讶地发现西方人竟然不跪拜君主，一时还有点不习惯。他们在回忆录中记载道："其君臣相见，无山呼跪拜礼，只垂手免冠而已。"

国人对皇帝的跪拜，并未持续到帝制时代的最后一刻。辛亥革命后的1912年2月12日，隆裕太后携宣统皇帝在紫禁城养心殿举行了清王朝，同时也是中国两千多年帝制时代的最后一次朝见仪式。内阁的多位大臣，第一次摒弃跪拜礼，以三鞠躬礼朝见了太后和皇帝。以此为标志，跪拜礼在国家政治生活中寿终正寝。

跪拜礼的变迁，不仅仅是礼仪的流变，其背后的实质是时代精神的蜕变，是君主权力空前加强的外在表现。宋朝士大夫敢直言告诫皇帝："天下者，中国之天下，祖宗之天下，群臣、万姓、三军之天下，非陛下之天下。"而元明清三朝，大臣的地位卑微到只是皇帝的奴才。至于普通百姓，连当奴才的资格都没有，只能是蚁民。辛亥革命后，除了对父母长辈或先人牌位，国人下跪的礼节都被废除了。然而在精神上，很多人还是跪着的。

△ 跪拜礼（出自《康熙南巡图》）

06 古人如何生火？

古代没有打火机和火柴，可小说里浪迹江湖的大侠们却能随时随地点火来个烧烤，他们是如何生火的呢？接下来就介绍几种古代的生火方式。

原始人类在两百多万年前就会使用火了，但那时候的火都是取自自然界，是为"天然火"。天然火可能来自草木自燃，可能来自闪电击中树木，甚至可能来自陨石撞击。使用天然火需要保留火种，一旦熄灭，再想找到就困难了，毕竟天然火是可遇而不可求的稀罕东西。

大约在几万年前，中国境内的原始人类学会了人工取火。最早的人工取火，多是利用物理学中的摩擦生热原理。具体做法是用一根木棍在木板上旋转摩擦，即我们常说的"钻木取火"。钻木取火听起来简单，但也需要成套的钻木工具，古人称之为"木燧"。这种钻木套装一般由两部分组成：一是钻木杆，一般木质较硬；二是取火板，一般木质较软。取火板上会有很多个凹槽，人工取火时，用钻木杆在凹槽里快速旋转，凹槽里就会产生微小的火星。凹槽一侧有纵向的切口，产生火星后，用艾绒等引燃材料接近切口，可将引燃材料点燃，这样就取到火了。一个熟练掌握钻木取火方法的人，五六分钟就可以钻出火来。唐朝诗人杜甫的《清明二首》里就有对当时人钻木取火的记载："旅雁上云归紫塞，家人钻火用青枫。"一直到今天，我国海南省中南部的黎族同胞还有在沿用钻木取火的。

钻木取火非常拼手速，技术不行的话，摩擦半天也取不到火，手还容易摩擦成"烤猪蹄"。为了快速取火，人们又在钻木取火工具中加入了"加速器"——火弓。这种工具像一把小射弓，将弓

△ 古代钻木取火器具

弦套在钻木杆上,来回抽拉弓背,带动钻木杆高速旋转。配合火弓后,钻木取火在一分钟内便可完成。

古代还有一种利用聚焦太阳光生火的工具——阳燧。阳燧也称"金燧",一般由金属制成。从出土的阳燧实物看,它就是一个金属凹面镜。利用光的反射原理,阳燧可将太阳光聚集为一个芝麻粒大小的聚光点,此时温度极高,能轻松引燃艾绒一类的易燃物,快速实现人工取火。阳燧体积小,取火速度快,是先秦到秦汉时期的必备取火工具。类似阳燧的取火工具,在世界其他古文明中也较为常见。古人认为这种方式取得的火来自太阳,是与天地相通的,无比自然神圣。今天奥运会的圣火采集用的就是这种神圣的方式。但阳燧取火受天气限制较大,赶上阴雨连绵,你一周都别想生火。

△ 唐朝阳燧

古代有没有不受天气影响且便携快速的取火工具呢？有的，那就是火石。火石取火最早的记载可以追溯到春秋战国时期，实际使用肯定比这还要早。火石取火比较快，但对石头的要求比较高，多用硅质岩石，比如燧石（也称火石）。取火的时候，将两块火石打击或摩擦，能产生火星，引燃易燃的火绒。火绒的材质有很多种，有的用艾绒，有的用被硝水泡过的纸，或者涂有硫黄的木片，还有的用易燃的炭布。

火石也有升级版，叫作火镰。火镰本身是一个手掌大小的小皮包，侧方镶有一片镰刀形的钢条，称为火钢。火镰里面装有火石和艾绒，点火的时候就用火石打击火钢，引燃艾绒取火，非常方便。火镰出现在春秋战国时期，伴随着冶铁技术的进步而诞生，因为火镰中

△ 火镰

的钢条必须使用坚硬的高碳钢。清朝时，火镰依旧是常用的取火工具。在光绪皇帝大婚时，火镰还是重要的陪嫁物品。一直到中华人民共和国成立后，我国陕北的一些农村地区还有用火镰生火的。

古代也有类似现代火柴的取火工具，这就是宋朝广泛使用的"发烛"。发烛的主体是用松木做成的小木条，一端染上硫黄。使用时，借助火石摩擦即可，时人称之为"引光奴"或"火寸"。发烛的使用在宋朝比较普遍，南宋时，街道上就有卖发烛的小商贩。但由于发烛成本较高，使用的多是富贵之家。司马光著书立说时，每天五更天就要起来写作，那时候天还不亮，他又不想吵醒下人，于是就自己用发烛点油灯照明。

古代还有一种神奇的生火工具——火折子。我们在电视剧里常看到这样的场景：大侠们在黑暗处需要点火照明时，就会掏出一个小竹筒，往里一吹气，竹筒里就会生出小火苗，看起来无比神奇。这种生火工具就是"火折子"，其利用的是物理学上的复燃原理——已经燃烧的东西因为缺氧而处在一种半燃半灭的状态，当重新获得充足的氧气后又可以重新燃烧。火折子的制作方法是：将易燃的草纸卷或加工过的藤蔓点燃后塞进小竹筒，再盖上盖子，营造竹筒内部的缺氧环境，但竹筒里面的火星实际还在缓慢燃烧。用的时候打开盖子，向里面吹气供氧，火星就会复燃。

20世纪初，现代火柴从西方传入我国，被称为"洋火"。上述生火工具便慢慢退出了人们的日常生活。

07
古人冬天如何取暖？

在古代，冬天取暖是和每天吃饭同等重要的生活大事，是生存所必需的保障。所以，形容贫穷得无法生存叫"饥寒交迫"。那么，古人是怎么取暖的呢？

自从人类掌握了用火，烧火就是最简便的取暖办法。人类最早的取暖方式就是点篝火，弄一堆柴火，点燃即可。篝火取暖的历史，有六七十万年之久了。到了石器时代，人类过上了定居的生活。我国北方气候较冷，北方人在建筑房屋时很早就注意保暖了。比如半坡人居住的半地穴式房屋，一半挖在地下，就是为了防风保暖。屋内还要放置取暖设施，这就是篝火的升级版——火塘。在半坡遗址的房屋内，地面的中间都会有个小坑，坑的周边用泥土夯实，这就是半坡人的火塘。较之于篝火，火塘是一个相对密闭式的空间，柴火燃烧得更稳定、更充分，火焰也不会随风摇摆，这就大大减少了热量的损耗，也提高了安全性。想象一下六七千年前的半坡人，冬天住在半地穴式的房屋里，点燃火塘，任由外面狂风暴雪，屋内始终是暖洋洋的，这就是能切身体会到的文明进步。

火塘不仅可以取暖，还可以做饭。考古证据表明，火塘在新石器时代晚期已经在我国北方普及，它的出现与定居生活密不可分。

秦汉时期又出现了火墙，最早是宫廷里用的，秦朝的咸阳宫遗址中就有火墙。火墙的内部是中空的，从里面把墙烧热，这样屋子就暖和了。火墙的衍生品是火炕，在东北地区特别流行。《三朝北盟会编》记载，北方女真族"环屋为土床，炽火其下，相与寝食起居其上，谓之炕，以取其暖"。今天北方地区的一些农村还在使用火墙和火炕，尤其是东北，招待客人最好的方式就是招呼客人进屋上炕，然后把炕烧得热乎乎的。东北人对幸福的理解也和火炕密切相关，所谓"三十亩地一头牛，老婆孩子热炕头"。

除了火墙与火炕外，古人在室内还常用地炉取暖。地炉分为两种，一种是小型地炉，即在室内挖土作炉，直接用炉中火来取暖，人们围炉而坐。这种地炉在《水浒传》里就有描写："林冲径投那草屋来。推开门，只见那中间坐着一个老庄家，周围坐着四五个小庄家向火。地炉里面焰焰地烧着柴火。"另一种是比较大型的地炉，即在房屋外墙设置一个大的火坑，然后在室内地下铺设烟道连接室外的火坑，在火坑里烧火，室内地面就会热起来。这个原理跟火炕差不多，只是面积更大，很像今天的地热取暖。明清时的紫禁城，就有这种大型取暖设施，名曰"火地"。

以上说的是大型取暖设备，接下来再说说古人小型的取暖物件。最常见的是火盆，就是在盆里烧炭火。有条件的富贵人家用精致点的金属火盆，没条件的平民人家就用泥盆。因为火盆里要烧木炭或柴火取暖，所以薪炭在古代是生活的必需品。那时候官员发俸禄，不光发钱发米，还要发薪炭。今天年薪、月薪中的"薪"，最初就是薪炭柴火的意思。薪炭在古代居家生活中非常重要，这一点在电视剧《知否知否应是绿肥红瘦》（本书后文均简称《知否》）第一集中就有体现——为了薪炭，家里人竟要钩心斗角。

"围炉而坐"是古代冬日里常见的居家景象。有的朋友会担心，古人冬天在屋里烧火盆取暖，会不会一氧化碳中毒？首先，古代房屋的密封效果没今天这么好，房屋到处漏风，所以空气中的一氧化碳浓度不高，达不到中毒的浓度。另外，火盆是开放式的，氧气与火盆的接触面积很大，一般不存在燃烧不充分导致一氧化碳堆积的情况。所以古代在冬天因烧火盆取暖而造成一氧化碳中毒的情况不多。但不多不代表没有。据说古代人冬天烧火盆时，会在屋里放一盆冷水，如果发现有人昏迷，就用冷水让其清醒一下。

火盆形制比较大，不方便移动，所以古人又发明了火盆的迷你版——手炉。顾名思义，就是可以捧在手上的炭炉，里面装着尚有余温的炭灰，走到哪里都可以拿着取暖。

△ 清朝画珐琅三阳开泰纹手炉

　　明清时期是手炉最为风靡的时代，《红楼梦》里就经常提到手炉。明清时期的手炉工艺也达到了鼎盛，好的手炉本身也是一件精美的工艺品。那时，大户人家使用手炉时还会在里面放些香料或药材，这样不光能取暖，还能当香薰用。

　　除了手炉，古代还有一种便携式的取暖物件，名曰"汤婆子"。这种取暖物件最晚在宋代出现，直到现代还有地方在使用。汤婆子一般是金属或陶瓷材质的，形状类似一个没有壶嘴的大水壶，里面加满热水，外面再套上布套，睡觉时就能放进被窝取暖。"汤"就是热水的意思，而"婆子"则是戏指其有陪伴人睡觉之意。

08 古人夏天如何降温？

聊完了古人冬天如何取暖，我们再聊聊古人夏天如何降温。古代夏天并不比我们现在的夏天凉快，《浮山县志》就记载过乾隆八年（1743年）的极端高温天气："夏五月大热，道路行人多有毙者，京师更甚，浮人在京贸易者亦有热毙者。"气象学家分析，当时的气温至少达到了四十摄氏度。那么，在没有空调的古代，这么热的夏天，古人是如何降温的呢？

首先可以使用降温设备，比如人工风扇。这人工风扇并不是找两三个丫鬟给你用扇子扇风，那点风力太小了！古时候的大户人家厅堂上方会安装拉拽式风扇，一大片扇叶差不多有门板那么大，由丫鬟拽根绳子拉动扇叶给厅堂送风。此外，还有手摇式的风扇，类似手摇鼓风机。据说古时候还有"空调风扇"，古人使用风扇的时候，还会把风扇放在水池后面，或者在风扇前摆两盆冰块，这样送出来的风就是凉的,这种风扇已经具备了空调的功能。还有的人会在风扇前摆很多盆鲜花,这样送出来的风都是香的。另外,古代大宅院的客厅,都会有一种"空调"系统——空调井。在厅堂里挖一口深井,一直连通地下水,然后在地面留一个送风口,这样,井下凉风就被源源不断送进厅堂,达到降温效果。最豪华的当数降温亭——将水引到屋顶,制造人工瀑布,以达到降温效果。

除了降温设备,还有降温食品。比如吃冷饮、吃冰镇水果或喝饮料。那古人用什么进行冰镇呢?其实,早在先秦时期就有人工冰箱了,叫作"冰鉴"。其原理很简单:制作一个有夹层的容器,在

△ 铜冰鉴(湖北省随州市曾侯乙墓出土)

夹层里放入冰块，然后在容器内放入食物或饮料进行冰镇，成为冷食或冷饮。宋代的冷饮已经平民化了，北宋都城开封就有种叫"冰雪冷元子"的冷饮很是畅销，其做法类似今天甜品店中的芋圆。到了元朝，蒙古贵族喜欢在冷饮里加入奶制品，称为"奶冰"。据说马可·波罗来到元朝后就很喜欢吃这种冷饮，并将其制作方法带回了欧洲，欧洲人在此基础上发明了冰激凌。听起来是不是有点不可思议？正宗的土耳其冰激凌可能来自中国。

有的读者可能会产生疑惑：古代夏天的冰是从哪里弄来的？我听过多种说法，技术含量最高的说法是古人用硝石制冰，将硝石溶于水，此过程大量吸热，便可使水降温结冰。但这个方法的制冰量太少了，而且非常费事，无法满足古代夏天巨大的冰块需求量。另外，一些古籍里还记载了古人"夏造冰"的方法，比如《淮南万毕术》《汉书》等。其方法大同小异：将沸水放入瓮中密闭，然后放入冰凉的水井中，三天后就可以得到冰。这个方法还真和科学沾点边，因为瓮中温度骤降，会导致气压降低，随着气压降低，水的冰点会升高，不需要达到零摄氏度便可结冰。然而，这个气压变化并不大，冰点上升的度数也微乎其微，不足以达到制冰的效果。今人也根据古籍记载的方法进行了试验，结果也是不能制冰。

其实古人取得冰块通常的方式不是制冰，而是存冰。这种方法很简单，即等到冬天自然结冰时将冰块储存到地窖里，然后等到夏天时取出使用。这种简单的存冰方法，从先秦一直使用到中华人民共和国成立后。储存的冰块都取自城市里的天然河湖，比如北京的北海、积水潭、太平湖，还有济南的大明湖，都是过去重要的取冰处。寒冬时节，湖面结冰，待到冰面上能走人了，就开始进行切冰作业，把冰切成一米见方的冰块，运送到地窖里保存。保存时还要在上面盖上厚厚的稻草保温，这样就能挺到夏天而不融化。古代大城市内都建有很多的冰窖。清朝时，北京城内的官方冰窖就有四处十八座，由工部统一管理，存冰量在二十万块以上。今天北京的冰窖口胡同，就因清朝时在这里设置的冰窖而得名，类似的还有西安的冰窖巷。

北方城市可以在冬天时存冰，那南方城市冬天也不结冰啊，怎么办呢？答案是进口！19世纪上半叶，美国商人就将北美波士顿地区的冰块用商船贩卖至中国广东，非常畅销。这种出口的冰块体积特别大，运输时会将其放在船舱底部，避免阳光照射，还会在上面盖上锯末等物，阻挡空气流通，所以冰块融化速度非常缓慢。等运到中国时，除去损耗，还会剩很多。美国作家梭罗在其名作《瓦尔登湖》中就记载了19世纪中期美国对华的冰块出口情况：

> 倘若你的生意是与天朝帝国打交道，那么在某个塞勒姆港口海岸旁边置办一间会计室，就足以应付了。你可以把本国生产的各种产品出口，把真正的产品输出，许多冰、松木和一点花岗岩。

1846年，波士顿出口的冰块达到六万多吨。十年后，又翻了十倍。其中，很多就是出口到了大洋彼岸的中国。有人还会疑惑：跨越半个地球贩卖冰块，能赚钱吗？的确不怎么赚钱，但没办法，欧美需要进口中国的货物，而自给自足的中国却不怎么进口欧美货物。你运别的东西到中国也卖不出去，卖冰块总比空跑一趟强。而且远洋航行需要重物压舱，用冰块压舱总比用石头好。

09 古人夏天如何驱蚊？

全世界的蚊子有三千多种，其中雌蚊子在繁殖时主要以吸人或动物的血为食。被蚊子叮咬后，不光皮肤发痒，甚至会染上疟疾等传染类疾病。所以，每当夏天来临，防蚊都是生活中时刻需要注意的事。蚊子在地球上已经生存一亿多年了。两千多年前的《庄子·天运》里就有记载"蚊虻噆肤，则通昔（夕）不寐矣"，表达了对蚊子的痛恨。那古人夏天是如何防蚊、灭蚊的呢？

烟熏法是古人最常用的驱蚊办法。蚊子怕烟熏，还惧怕一些特殊的味道。古人发现蚊子的这一习性后，就用烟熏驱蚊。古人发现，燃烧艾草、蒿草的驱蚊效果不错，而且烟雾不多，味道也不呛人。于是，艾草、蒿草就成为古人驱蚊的常用材料，还被制作成最早的驱蚊工具"火绳"。一直到改革开放前，火绳还在我国广大农村地区被使用。秋天，人们将结过籽的艾草、蒿草采集回家，像编辫子一样将其编成绳状，然后挂在房梁上晾干，避免受潮。等到第二年夏天，火绳就可以派上用场了，晚上睡觉时在屋内将其点燃，驱蚊效果是极好的！火绳的功能类似初级版的蚊香。

△ 汉朝火绳

到了宋朝，古人已经在火绳的基础上制作出了蚊香。宋代《格物粗谈》记载："端午时，收贮浮萍，阴干，加雄黄，作纸缠香，烧之，能祛蚊虫。"从这段记载中我们可以看出，古代"蚊香"里有雄黄的成分。雄黄是硫化砷矿石，也是古代用途很广的杀虫剂。另外，书中还提到了古人在端午时节采集材料制作蚊香，这很有可能与古代端午采集艾草的习俗有关。

蚊香的制作工艺在清代进一步提高。晚清时，一个来华采集茶种的英国人曾写过一部名为《居住在华人之间》的书，其中就有关于蚊香的记载。这个英国人当时从浙江西部去福建武夷山，途中由于气候炎热潮湿，被蚊子叮得整夜无法合眼。他的随从就购买了一些当地人使用的蚊香，驱杀蚊虫很有效。他把这一信息传回欧洲后，引起了欧洲昆虫学家和化学家的极大兴趣，询问他这种蚊香是由何种物质制成的。后来，他在浙江定海获得了这种蚊香的配方——松香粉、艾蒿粉、烟叶粉、少量的砒霜和硫黄。是的，含有砒霜！不知道古人烧这种蚊香会不会中毒。

除了蚊香，古人还用香囊驱蚊。香囊在明清时期很流行，除了有香水的功效，还有驱蚊的作用，因此也成为古代文人雅士和贵族公子的最爱。香囊中含有多味中药，比如藿香、薄荷、八角、茴香等，这些中药的味道具有驱蚊的功效。另外，古人也会用酒驱蚊，如宋代的《证类本草》记载："社酒，喷屋四壁去蚊子。"将酒喷洒到屋子里驱蚊，这种方法和今天喷洒"花露水"如出一辙。有学者曾对一千多部中医古典著作进行过统计，出现频率较高的驱蚊成分有浮萍、鳗鲡、夜明砂、社酒、雄黄等。这些成分中，有些含有毒素，有些气味较重，并不太适合居家常用。在现代驱蚊中药里，最常见的成分则是艾草叶、薄荷、藿香、石菖蒲、丁香等，这些成分相对较为安全。

除了驱蚊法，古人还有避蚊法。惹不起还躲不起吗？把蚊子挡在外面！挡蚊子最常用的工具就是蚊帐了。南朝梁元帝撰写的《金楼子》记载：春秋时期的齐桓公以打开"翠纱之帱"放饥饿的蚊子进去一事阐述自己的治国之道。这里的"翠纱之帱"就相当于今天的蚊帐。唐宋以后蚊帐进一步普及。北宋张耒诗称："备饥朝煮饭，驱蚊夜张帱。"可以看出，蚊帐已是当时居家必备之物。蚊帐在我国使用了两千多年，其重要性在当下依旧不减。2016年里约奥运会时，寨卡病毒肆虐，而蚊子正是病毒的主要传播媒介。在其他国家运动员"谈蚊色变"之时，我国运动员拿出了老祖宗的法宝——蚊帐，有效地防止了病毒传播，也引起了他国运动员的效仿。两千多年前的中国发明，而今仍能派上大用场。

此外，古人还有许多奇葩的灭蚊法。比如在家中大缸内注水养青蛙。蚊子喜阴凉，又需要在水中产卵，所以爱往缸里飞，一飞进去就会被青蛙吃掉。还有一种"灭蚊灯"，小说《金瓶梅》里有提及。灭蚊灯吊在蚊帐内，灯盏的侧面开有小口，当灯绳被点燃后，就会因冷热不均产生气流，蚊帐内的蚊子便会被气流吸进灯盏内烧死。

可以说，与蚊子战斗的历史贯穿了整个人类的文明史。我不禁惊叹古人的聪明才智，也感叹人类在地球上生存至今的确不易。在此，向我们的先人致敬！

10
古人用什么化妆品？

爱美之心，自古有之，古代的女性也是要化妆的。古代的化妆品种类繁多，而且成分非常恐怖，古人真的是"什么东西都敢往脸上抹"！

俗话说"一白遮百丑"，皮肤白皙是古今东方女子的共同追求。今天化妆的基础是美白用粉底，而古代女子化妆也用粉来美白。"粉"字是米字旁，最早的粉底就是用米做的。《齐民要术》记载了这一"古代粉底"的制作方法：将米磨成细粉，淘洗至水清，然后沉于凉水之中发酵，直至发出腐烂臭味。发酵后将米粉沉淀滤出，并研磨成浆，等米浆干透就制成粉饼。削去粉饼四周粗劣的部分，将中间雪白光润的部分留下，称之为"粉英"。用刀将粉英削成薄片，放在太阳下暴晒，晒干后揉碎成粉末，粉末越细越好，这就制成了可以化妆用的"粉底"了。

这种用米做的粉底有一个缺点——容易脱落，所以古代美女脸上经常掉渣。于是古人又发明了升级版的粉底——白铅粉。白铅粉洁白细腻，还不掉妆。成语"洗尽铅华"里的"铅"指的就是古代女子化妆用的铅粉。《水浒传》里武松跑路时，孙二娘就是用铅粉给武松涂面的。铅粉的制作工艺较为复杂，我作为一个文科生愣是没看懂其工艺流程，所以也就不给大家详细介绍了。但有一点可以肯定，铅粉里含有大量的铅，而铅是重金属，有毒，因此古代女子使用铅粉久了，就会变色成"黄脸婆"，严重的还会铅中毒，有生命危险。古代的女性为了美也是蛮拼的！当然，古人也知道铅粉里

△ 宫廷妇女化妆［出自东晋顾恺之《女史箴图》（唐摹本）］

有毒素，于是尝试在铅粉里加某些东西来减小毒性。成书于南宋的《事林广记》中，就记载了用鸡蛋壳蒸铅粉的做法，据说可以避免脸色青黑。为了美丽，古人也可以不顾一切。一直到清代，铅粉还广泛用于化妆品之中。

古代也有彩妆，最古老的便是朱砂。从字面上理解，朱砂就是指红色的矿石，即含硫化汞的天然矿石。将天然朱砂矿石研磨、漂制后得到的红色颜料就是朱砂。早在商周时期的女性，尤其是舞伎与宫女，就将朱砂擦拭在面部当腮红。

汉代的朱砂不光能抹脸当腮红，还能涂唇。但朱砂本身不具有黏性，敷在嘴唇上很快就会被唾沫溶化，聪明的古人就在朱砂里掺入适量的动物脂膏，其形态和功能很接近今天的口红。

汉代还出现了一种新型化妆品——胭脂。胭脂是纯草本化妆品，以红蓝花为原料。根据《齐民要术》的记载，我们可以还原胭脂的制作工艺：第一步，把采回来的新鲜红蓝花捣碎，用水淘洗，再用酸性的"粟饭浆清"浸泡淘洗，这一步叫作"杀花"。杀花的目的是去除红蓝花中的黄色素，因为黄色素溶于酸性液体，红色素不溶于酸性液体而溶于碱性液体。第二步，以草木灰等碱性溶液制成包含红蓝花红色素的溶液，提取后再加入酸性液体中和。第三步，在红色素汤汁中加入米粉，搅拌成糊状，阴干后就可以得到胭脂了。这种胭脂是从匈奴地区传入中原地区的，是汉匈交流融合的结果。后唐学者马缟在《中华古今注》里认为，胭脂"起自纣，以红蓝花汁凝作燕脂"。然而，据当代学者考证，认为胭脂是魏晋时期才传入中原地区的。然而不管怎样，胭脂在古代彩妆中的重要地位是不可否认的，甚至在文学作品里，"胭脂"也成为美女的代名词。

再说说古代的"眉笔"。古代画眉用黛，所谓"六宫粉黛无颜色"中的粉黛，就是指"粉"和"黛"两种古代化妆品。黛是一种黑色矿物，又名石黛。将石黛放在黛砚上磨，碾成粉末后加水调和，蘸着它就可以画眉毛了。除了石黛外，古人还有用烟墨做眉笔的。具体做法是这样的：将麻油灯放在水中燃烧，用一个小容器罩在火焰上方，油烟就会凝固在小容器上，然后再将凝固的烟墨收集起来，到时候就能用于画眉了。

其实，画眉之风早在战国时期就兴起了，在黛出现之前，女子都是将烧焦的柳枝涂在眉毛上。改革开放前，物资匮乏，大部分女子没有眉笔可用，就用燃烧过的火柴头沾上唾沫后涂在眉毛上，此法还颇具古风。

聊完古代的化妆品后，不难发现古人为了化妆真的是什么都敢用，据说当时为了美白还有用砒霜的。终于知道为啥"自古红颜多薄命"了，想必不少是化妆品"害"的！

11
古人用什么洗头发？

古人认为"身体发肤，受之父母"，所以不怎么剪头发，连男子也是长发及腰并梳成发髻的。对于古代女子来说，一头秀发不光能提升形象，关键时刻还能吸引人，尤其是吸引皇帝。汉朝的卫子夫，当年就是靠一头秀发征服汉武帝的。《太平御览》记载："（卫子夫）头解，上见其发鬟，悦之，因立为后。"

古人重视头发，所以也重视洗头发。"沐浴"一词中的"沐"字，最初就是指洗头发。汉朝时，公务员每工作五天休息一天，就是让他们回家洗头发的，这个假期被称为"休沐"。

有的朋友会诧异，五天洗一次头发也太久了，现在三天不洗头发都受不了！此一时彼一时，古代的条件和现在没法比。劈柴、点火、烧水、洗发、擦干、梳理，哪个工序都很费时费力。《史记》记载，周公说自己"一沐三捉发，一饭三吐哺，起以待士，犹恐失天下之贤人"。意思是说，周公礼贤下士，洗头发的时候如果赶上有人来求见，他就会握着湿漉漉的头发去见。洗一次头发，会出现多次这样的情况。尽管有些夸张，但也能从侧面看出古人洗头发的确是一个大工程。

那古人洗头发用什么当洗发水呢？

最常用的是皂荚，俗称皂角。将泡制过的皂角放在水盆里加水反复揉搓，或用硬物砸碎，待水质略微黏稠后将杂质捞出，剩下的液体就是古人的皂角纯草本洗发水了。用这种皂角洗发水洗发，去污、养发的功能极佳，还有乌发、固发的功效。

用皂角洗头发，稍微有点刺激性味道，有的人不太习惯。于是，跟皂角功效类似，味道却更为清爽的木槿叶便大受欢迎。木槿叶洗发水的制作方法和皂角大同小异。关于用木槿叶洗头发，还有一个传说：相传七夕时，牛郎织女鹊桥相会，织女流下的相思泪会从鹊桥上飘落下来，落在凡间的木槿叶上。所以七夕那天用木槿叶洗头，就可以得到织女的保佑，未婚的女子就能很快找到如意郎君。今天，我国南方的一些地方，依然有七夕用木槿叶洗发的习俗。

古人还有用茶枯洗发的。茶枯饼是用油茶籽榨油后的残渣压制而成的，虽然看起来很脏，但因其具有杀菌去污的能力，一直是古人的洗发佳品。20世纪七八十年代，很多南方女性还在用茶枯洗发。

古人还有用草木灰洗头发的。草木灰属于碱性洗发剂，可以去油止痒。草木灰中富含碳酸钾，对油脂有很好的吸附效果，用草木灰洗头发可以让油腻腻的头发变得干净清爽，非常适合油性发质。

另外，古人还有许多容易取材的洗发用品，据说先秦时期已经有人开始用淘米水洗头发了。还有用醋洗头发的，我小时候就见过我妈妈用醋洗头发，洗完后，妈妈全身上下都是"酸"的。

古人还可以干洗头发，使用的洗发原料是中药材香白芷和王不留行。将这两味中药材研磨成粉末，用的时候，将粉末掺到头发内，然后微微用力揉搓。揉搓后，再用梳头发的篦子梳去粉末，这就去除了头发上的污垢。这种干洗头发的方法很有意思，原理有点像今天的干洗喷雾。估计是古代没有吹风机，这种干洗的办法可以快速清理头发污垢。

除了洗发水外，古人洗完头发还要用"护发素"，古人称之为"香泽"。香泽的主要原料是油脂，多使用胡麻油和猪脂、鸡油。孙思邈的《千金翼方》里就记载了一种特效的香泽，用鸡油煎中药材"蔓荆子"和"大附子"，凉后制成香泽。用这种香泽涂在头发上，有生发、增发的作用，可以"十日长一尺"。这生发速度可有点吓人了，所以孙思邈紧接着就温馨提示"勿逼面涂"——千万不要涂在脸上，否则满脸一尺长的汗毛，猴子见到了都害怕！

12 古人用什么洗脸？

今人洗脸都会用到洁面乳，毕竟脸面对于我们现代人来说太重要了。有的朋友担心，古代没有洁面乳，如果真的穿越回去，会耽误自己容颜焕发。其实大可不必担心这个，因为古代也有专门的洁面用品。

前文我们曾提到古人会用淘米水洗头发。其实，淘米水在古代相当万能，不光能用来洗头发，还可用来洁面。《礼记·内则》说：如果脸脏了，就用烧热的淘米水洗洗。淘米水呈弱碱性，可以去除脸上酸性的污垢，还可以吸除面部多余的油脂。淘米水洗脸还有一定的美白功效，其富含的维生素B和淀粉能在脸上形成遮盖效果，有短暂性的美白作用。直到今天，仍然有人用这种古法洗脸，据说效果还不错。

除了淘米水，古人还用草木灰洗脸。草木灰是植物燃烧后的灰烬，内含碳酸钾，总体呈碱性，有很好的去污效果。古人将草木灰兑水，制成"灰汁"，可用来洁面或洗澡。武则天喜欢用益母草制成的灰汁来洗脸护肤，医书称之为"则天大圣皇后炼益母草留颜方"。

要说古人洗脸最常用的东西，还得是用猪胰脏制成的洁面用品。猪的全身都是宝，不光能吃肉，还能用来洗脸和洗澡。猪胰脏为长条形，十余厘米长，粉红色，内含各种消化酶，能够有效分解和去除污垢。南北朝时期，贾思勰在《齐民要术》中就记载了猪胰脏的去污功效，距今已有近一千五百年的历史了。

古人以猪胰脏为主要原料，制作出了最常用的洁面用品——澡豆。唐朝孙思邈的《备急千金要方》记载了澡豆的制作方法：先将猪胰脏洗净并去除脂肪油污，然后研磨成糊状，加入豆粉后搅拌均匀，最后经自然风干形成块状或球状的澡豆。古人为了增加澡豆的美白和增香效果，还在澡豆中加入各种配料，如甘松、丁香、麝香、白芷、冰片、皂角、阿胶、糯米等。孙思邈亲自为澡豆代言，称其"治面黑不净""一百日其面如玉，光净润泽，臭气粉滓皆除"。有些加入特殊配方的澡豆，还具有治疗粉刺、痤疮的功效，看来古人也饱受青春痘的困扰。

澡豆是伴随着佛教在我国的传播而流行起来的，因为佛教注重清洁，佛经《十律诵》中就明确提到佛教信众用澡豆清洁沐浴身体，也有观点认为，澡豆可能就是伴随佛教从古印度传入我国的。

直到唐宋时期，澡豆才在民间普及。唐宋以前，很多人并不知道澡豆为何物，为此还闹过一个著名的笑话。《世说新语》记载，东晋的王敦与舞阳公主结婚，成为驸马。公主的生活方式很时髦，王敦有些跟不上趟儿。婚后的一天，王敦在家上厕所，公主的侍女就端来干枣和澡豆，干枣是用来塞鼻孔阻隔臭味的，澡豆则是厕后用来洗手的。王敦哪认识公主用的这些高级货，还以为这些是"如厕甜品"呢，直接就给吃了！这一彪悍行为直接逗乐了侍女。

△ 明朝万历年间的金皂盒和皂球（出土于明定陵）

宋朝在澡豆的基础上，又制成了肥皂团。南宋的都城临安，有专门经营肥皂团生意的人，可见其当时的流行程度。其实，肥皂团就是今天香皂的雏形，只是前者是纯天然手工制作，后者是现代化工产品。明清两朝，这种澡豆型的肥皂团继续流行，由于是用猪胰脏制成的，民间俗称为"胰子"。清朝末年，仅北京一地就有七十多家胰子店，产品远销海内外。当时有家名叫"花汉冲"的化妆品店，售卖各种"花汉冲"品牌的美妆和洗护用品，其中胰子和香粉是爆款产品，就连清朝皇室也在该店订购化妆品。这家诞生于明朝嘉靖年间的化妆品店，兴旺了近四百年，直到1952年才退出历史舞台。

改革开放前，由于生活物资匮乏，政府对许多商品实行严格的供应制度。香皂也在供应商品的范围内，每人定量供应，很多家庭经常不够用。于是，国人又重新制作起了传统的手工胰子。我的母亲在小时候就见到过这种工艺：将猪胰脏剁碎，加入火碱或烧碱搅拌，再自然风干，然后就得到了胰子皂。时至今日，东北地区的一些老人还将工业香皂称为"胰子"。这个名字尽管不太文雅，却沉淀着民族的记忆，散发着历史的芬芳。

13 古代男子有哪些发型？

前文咱们讲到古代的男子也是长发及腰的。但在公众场合，一般不会让头发披散下来，而是要把它梳起来盘成发髻。古代男子的发式，不仅具有美学价值，而且更多体现的是社会的象征意义。每个时代的社会情况不同，男子的发式也随之演变。

上古时代，没有礼教约束，男子的发式比较放飞自我，头发都是散着的，被称作"披发"。慢慢地，中原地区出现了将头发梳起来盘成发髻的习俗，被称作"绾髻"。绾髻就是把头发都集中拢到头顶，在头顶盘出一个发髻，最开始是一个小团状，后来逐渐变成锥子状，也称"锥髻"。古人之所以选择这样的发式，可能是因为这样方便劳动。

周朝制定礼法，确立了冠服礼俗制度，男子的绾髻也成为定制。绾发时将头发全部束至头顶，然后戴个小冠，并用笄（也称簪）横穿冠下的小孔把发髻固定住。身份低微的人，就用一块包头布把发髻包裹起来。小孩子是不绾发的，一般是散着或者梳小辫子。男孩子等到二十岁成年了，就要举行成人仪式，名曰"冠礼"，意思就是可以绾发加冠了，所以从古人的发型就能看出他们是否成年。

古人的绾髻束发是全束的，不会留下一部分散着。今天的古装剧中，很多男子是半束发，一半梳成发髻，一半散着飘在脑后，看起来飘逸帅气，但这不符合真实的历史。另外，发式还具有社会功能——区分农耕民族和游牧民族。绾髻束发是农耕民族的标志，游牧民族多散发或编成辫子散开。中国古代只有在魏晋南北朝时出现过半束发，那时候北方游牧民族南下，游牧民族盛行的披发对中原地区产生了影响，中原地区开始流行半束发的发式。半束发是汉胡融合的表现，存在的时间很短。

在周朝之后的绝大多数时间里，中原人都是绾髻束发的。不同时期的区别就在于发髻外面的佩饰有所不同。周朝至汉朝，发髻上是戴冠或包头巾。唐宋时期流行戴"幞头"，幞头是类似帽子的饰品。唐与宋的幞头区别也很大，唐朝的幞头帽顶是圆弧的，且帽后的两脚是下垂的，有点像耷拉下来的兔子耳朵；而宋朝的幞头帽顶是平的或矩形的，帽后的两脚是平直的，而且很长很长，很像飞机的机翼。据说，将幞头加长是宋太祖的决定，因为他讨厌朝会时大臣们在下面窃窃私语。将幞头加长后，大臣们就不能相互靠近，因为幞头容易撞脸。

辽金元三朝，北方游牧民族再次南下，游牧民族髡发留辫的习俗开始在中原流行起来。髡发是将头顶部分的头发剃除，只在两鬓或前额留下少量头发，这些头发一般会梳成辫子，也叫留辫。在中原王朝统治时期，髡发是一种刑罚，人犯罪了就把他的头发、胡须都剃光，以示惩戒。但少数民族平时就有髡发的习惯。辽金元三朝的统治者就是少数民族，为了仕途，其统治区域内的汉族人便也跟着流行髡发。

△ 游牧民族的髡发留辫样式

明朝时期，又恢复了绾髻束发的发式。可是仅仅过了两百多年，清朝建立。古人再次开始髡发留辫，而且清朝政府对发式的要求异常苛刻，将是否髡发留辫视为是否归服清王朝的标志。不髡发留辫,就是不服从清朝的统治,是要杀头的,以至于清初还有"留发不留头,留头不留发"的说法。清朝人留的辫子,不同时期的样式也不尽相同。早期的辫子短而细,被称为"金钱鼠尾",中后期的辫子则又粗又长。

古代男子如此重视发式,一旦脱发了就会很闹心。怪不得杜甫会哀叹"白头搔更短,浑欲不胜簪"。

14 古人刷牙吗？

有的朋友认为古代又没有牙膏、牙刷，古人肯定不刷牙，并因此而担忧穿越回古代是否需要多带点口香糖。其实这种担忧大可不必，古人也是会"刷牙"的。在这一篇里我们就聊聊古人是如何刷牙的。

中国人自古就重视牙齿的整洁与美观。例如，《诗经·卫风·硕人》中形容美女的牙齿"齿如瓠犀"，就是牙齿如同瓠瓜的子一样整齐洁白。那时人们清洁牙齿的方式不是"刷"牙，而是"漱"牙。《礼记·内则》中就记载："鸡初鸣，咸盥漱。"意思就是说，天亮了，鸡打鸣了，就要洗脸漱口了。漱口一直是古人最主要的牙齿清洁方式，一直沿用到了近代。

古人用的漱口水也是五花八门。最常用的是盐水，不光用盐水漱口，还能用盐擦牙，《红楼梦》里贾宝玉就有每天清晨用盐擦牙的习惯。盐的确有杀菌消炎的作用，还能在一定程度上预防牙周疾病和牙龈出血。此外，古人还用茶水、酒和明矾水漱口，据说明矾水能有效预防口疮。现代社会确实也有将明矾水加橄榄用于漱口的，可以祛除口臭。

到了隋唐时期，"刷牙"开始在中国出现了。那时候的刷牙方式和我们今天不一样，用的是"揩齿法"。这种"揩齿法"源于古印度，和佛教有关。相传，是释迦牟尼开始劝说人们重视清洁牙齿，并教弟子们如何用树枝制造刷牙工具的。后来，随着佛教传入中国，"揩齿法"也传到了中国。唐朝医书《外台秘要》具体记载了这种揩齿法："每朝杨柳枝咬头软，点取药揩齿，香而光洁。"意思是说将杨柳枝的一头用牙齿咬软了，再蘸上少许药粉，用来刷牙。这种刷牙方法也被称为"杨柳枝揩齿法"，所用的杨柳枝又叫作"齿木"。齿木可谓那个时代的"牙刷"。如果没有杨柳枝，也可以用其他树枝代替，实在不行就用手指直接揩牙。敦煌石窟第一百四十六窟有一幅五代壁画，其中就能看到用齿木揩齿的画面。图画中，一光头僧人，手臂戴镯，仰头，左手执齿木正在清洁牙齿。日语中有"杨枝"一词，意为牙签、牙刷，应该就是保留了中国唐朝的叫法。

尽管唐朝有了齿木，但学界对于齿木刷牙方式在唐朝的普及程度尚存争议。有观点认为，唐朝时只有僧人团体会用齿木刷牙，而普通大众还是较多地使用饭后漱口的方式。在敦煌壁画中，手指揩齿的画面明显地多于齿木刷牙的画面。但不管是用手指揩齿，还是用齿木刷牙，抑或是饭后漱口，都是当时有利于口腔卫生的良好习惯。

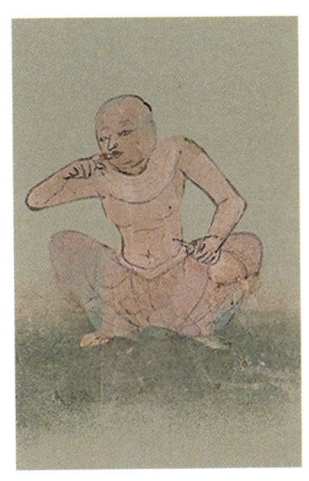

△ 敦煌石窟第一百四十六窟壁画　　△ 敦煌壁画中的手指揩齿图

到了宋朝，中国终于出现了真正的牙刷，叫作"刷牙子"。宋人周守忠在《养生类纂》中记载："盖刷牙子，皆是马尾为之。"最初的牙刷多是用马尾毛制作的，一寸多长，置于牛角之上，其形状跟现代的牙刷类似。不过，宋朝比较缺马，马尾较少，用来做牙刷成本太高，所以市场上常见的牙刷不一定都用马尾毛制作，也可能是用猪毛制作的。

宋末吴自牧在《梦粱录》里回忆道："狮子巷口……凌家刷牙铺……金子巷口……傅官人刷牙铺……"说明南宋时期杭州已经有

△ 南宋毛刷

人专门开店卖牙刷了,看来刷牙在南宋已经比较普遍。南宋医书《严氏济生方》中还有"每日清晨以牙刷刷牙……无一切齿疾"的记载,这是"牙刷"一词的最早记载。

古人刷牙的时候并不是用牙刷干刷,而是和现代人用牙膏一样,要在牙刷头上蘸清洁剂。这种牙齿清洁剂有膏和粉两种,其成分包含皂角、生姜、升麻、地黄、旱莲等中草药,可能会再放一些盐。古人的牙膏可是纯草本的。宋朝时,还发明了一种牙刷和牙膏的结合品,叫"牙香筹"。用香料和药材制成固体清洁剂,固定在牙刷上,用牙香筹反复清洁牙齿,然后再漱口。这种牙香筹可反复使用,而且携带方便,是古代人旅途必备之佳品。

后来,中国的牙刷传到了欧洲,受到贵族阶层的欢迎。但由于售价较高,一般欧洲民众难以承受。直到20世纪30年代,用尼龙做刷毛的牙刷诞生了,因其价格低廉,从而进入了寻常百姓家。

15

古人养宠物吗？

日益孤独的现代社会，宠物成为很多人的知心伙伴。其实，古人也很爱养宠物，这一篇咱们就聊聊古代比较常见的宠物。

较早陪伴古人的宠物，是忠心耿耿的"汪星人"——狗。狗的祖先是狼，是人类最早驯化的动物之一。有研究表明，中国南方是最早驯化狗的地方。中国养狗的历史是十分悠久的，目前在中国境内最早发现的驯化狗的遗迹，距今约一万年。先秦时期，狗和马、牛、羊、鸡、猪始称六畜，还有专门负责养狗的官职，称为"犬人"。

但中国人最初养狗的目的不是当宠物，而是打猎和吃肉。如汉初名将樊哙，就是屠狗出身，可以看出直到汉朝初年，中国人还保留着吃狗肉的习惯。到了唐宋时期，养宠物狗成为风尚，狗还在唐朝名画《簪花仕女图》中成功抢镜。

△ 宠物狗（出自周昉《簪花仕女图》） △ 宠物猫（出自周文矩《仕女图》）

△ 易元吉《猴猫图》

慈禧是历史上有名的爱狗人士，她在皇宫里设立了养狗处，养了许多京巴犬，还配有四个太监专门伺候。这些狗吃的是牛肉、鹿肉，喝的是鸡鸭鱼汤。慈禧爱狗，甚于爱人。

猫在古代也被当作宠物来养，但其驯化历史比狗短很多。普遍认为，三四千年前的埃及人开始驯化猫。猫在埃及最初是被当作神来看待的。在古代中国，猫的地位也很高，甚至祭祀的时候还是主角之一。《礼记》中记载：天子每年腊月的祭天仪式中有个"迎猫"环节。之所以这么看重猫，可能是其目光神秘迷离，被认为能通神。另外，猫能抓老鼠，"迎猫"也有祈求灭鼠的意味。庄重严肃的祭天仪式中，众目睽睽之下，"喵星人"被抬着出场，那画面想想就有喜感。

到了宋朝，养猫更为普遍，文人尤其突出，陆游的几首诗里就称猫为"狸奴"。现在的文人似乎也更偏爱猫，也许是猫比狗安静的缘故。宋朝的猫还登上过政治舞台，上演了"狸猫换太子"事件。明朝嘉靖皇帝也是个有名的"猫奴"，其养的爱猫死了，就让大臣写词纪念，并厚葬在景山北面，称"虬龙冢"，立碑祭祀。尽管人类很爱猫，但猫对人类却往往高冷。有人说猫很薄情，还说猫不懂感恩，以至于人类在它面前更像奴隶，所以才说人是"猫奴"。其实这是和猫半驯化的特性有关的。狗是完全驯化了的，所以跟人更亲近。但是科研人员通过对比野猫和家猫的基因组后发现，家猫仍然只停留在"半驯化"状态。与其说是人类驯化了猫，不如说是猫选择了和人类一起生活。

除了阿猫阿狗这些陆地动物,古人的宠物还广泛分布于天上和水下。宋朝权贵阶层比较喜欢养金鱼,也称"黄金鲫",因为金鱼通体显金黄色,看起来很富贵,要么说"土豪金"呢!《武林旧事》记载,在南宋都城临安的德寿宫里,有皇帝专属的金鱼池,名曰"泻碧",名字听起来不是一般的高雅。宋朝皇帝派人到处搜罗金鱼,官僚贵族或富商巨贾看见了,也纷纷跟风养起了金鱼。南宋叛将吴曦,当年赴四川任职,携带了三大船的金鱼,顺便还从临安带走了不少擅长养金鱼的能人。看来在古代,饲养金鱼也是非常专业的技术活。

在宋朝的大城市里,还有专门卖金鱼的行当,称为"鱼儿活行"。这一行的商贩,除了金鱼外,还售卖乌龟等水中宠物。宋朝很流行养乌龟,除了常见的灰色龟外,还有名贵的玳瑁海龟和绿毛龟。《中吴纪闻》记载,南宋权臣秦桧过生日时,手下官员为他献诗祝寿,赞美他是"髭髯长似绿毛龟",秦桧"甚喜之"。如果放在今天,有人说你长得像乌龟,那估计你马上就要动手了。古代可不是这样,乌龟在古代一直象征吉祥如意,甚至有些人起名字时都带"龟"字。比如唐朝诗人杜甫有个好朋友叫李龟年,我们上学时都学过杜甫的那首《江南逢李龟年》。今天,乌龟的地位则一落千丈,带上了贬义色彩,出现了缩头乌龟、龟公之类的说法。

养乌龟在古代还有个作用,就是用来检测水质。据说古人打井后，多会在井里投放一只乌龟。如果乌龟活着，就说明水质安全；如果乌龟死了，就说明这水有问题，甚至可能有人投毒。所以，乌龟在古代不光是宠物，还是水质检测员。

古人还广泛饲养会飞的宠物。比如鸽子，古人称之为"雪衣"或"半天娇"；比如鹦鹉，古人称之为"绿衣使者"或"西客"。这些名字形象且唯美，不像今天的宠物名字，要么叫"二哈"，要么叫"毛孩子"，倒是通俗，却缺乏美感。古人养鸽子，除了玩赏，还能传递书信。唐代诗人张九龄，年少时养了一群鸽子，每与亲人朋友书信往来，他都把信绑在信鸽脚上送信，能省好多"邮费"。宋人还把孔雀当宠物养，这种产自南方的珍禽，多是进贡而来，所以能养的都不是一般人。《宋史》记载，宋太祖建隆年间，占城（今越南中部）和三佛齐（今印度尼西亚苏门答腊）都进献过孔雀。太宗时期的宰相李昉，退休后在自家庭院养鸟，其中就有孔雀，估计是皇帝赏赐给他的。古人还有养鹤的，《簪花仕女图》中，贵妇人在逗弄小狗的时候，边上就站着一只仙鹤。仙鹤在古代象征吉祥长寿，和乌龟一样，也是古人认为的吉祥宠物。

16
古人能活多少岁？

很多人以为古人都很长寿，估计是觉得那时自然环境无污染，食品也都绿色安全。网络上谈论古人寿命的话题时，总会提到一个叫彭祖的人，生活在四千年前的上古时代，活了八百岁。有一种解释说当时采用的是"小花甲计岁法"，即六十天为一年，这样计算的话，彭祖的八百岁只相当于一百三十二岁。尽管一百三十二岁也是难以置信的，但现代人努力一下还能接近。

那么一般情况下，古人能活多少岁呢？学者林万孝经过研究统计，在《我国历代人的平均寿命和预期寿命》一文中给出的古人平均寿命是：先秦十八岁，汉朝二十二岁，唐朝二十七岁，宋朝三十岁，清朝三十三岁。杜甫说"人生七十古来稀"，其实活过三十都不易。

为何会这么短？

首先，古代的婴幼儿夭折率非常高，拉低了平均寿命。人均寿命又称人均预期寿命，它的计算需要一套复杂的数学公式。总体来说，影响人均寿命的主要因素是各年龄段人口的死亡率，而我国古代婴幼儿的夭折率极高。乾隆皇帝十七个儿子，有七个不超过十岁就夭折了。皇家尚且如此，育婴条件欠佳的寻常百姓家，孩子的夭折率肯定更高了。夭折率一高，平均寿命就会低一大截。根据人口学的寇尔-德曼模型生命表，在平均寿命为三十岁的社会中，40%的人会在十岁前死亡。对于古人来说，十岁是一个坎儿，活过去了，后面的日子就细水长流了。不夭折的话，一般能活到四五十岁。陕西临潼新丰镇秦文化墓地的考古结果显示，在两百例确定年龄的遗骸中，死于二十四岁至三十五岁壮年阶段的有三十九例，死于三十六岁至五十九岁中年阶段的有七十三例，还有二十九例活过了六十岁。这座墓葬中不含未成年人，古代夭折的孩子一般是不和成年人埋在一起的。

其次，即使古人好不容易活到了成年，也不一定能寿终正寝，还有好多考验等着他。比如频繁的战乱。像政权林立的魏晋南北朝时期、辽宋西夏金时期，还有太平天国运动的晚清时期，都是我国古代人均寿命的低谷时期。另外，战乱和自然灾害导致的饥荒，也会使很多人饿死。

最后，还有一个影响寿命的至关重要的因素——医疗条件。在古代，看病是非常贵的，《红楼梦》里医生出诊一次要一两银子，相当于普通人近半个月的收入，这还不算药费。在古代，除了达官贵人等有钱人家，普通民众几乎看不起病。尽管古代也有慈善机构可以免费诊治疾病，但仅限于大城市，且作用有限。"小病靠扛，大病等死"，是中国古代的普遍医疗状况。小说《骆驼祥子》里，虎妞难产，祥子去请医生，医生的出诊费是十元，接生是二十元。如果是难产，就得到医院去，可能就要几十元了。要知道，祥子拉一个月车才能赚十元，而他当时连十元钱都拿不出，最后只能看着虎妞死去。

在古代，即使你有钱看得起医生，能不能治好也要看运气，因为那时医术普遍不高，"庸医杀人"的事经常出现。在没有现代医学（西医）前，疾病的致死率是非常高的，得个流感都可能会死。现在很多死亡率不高的病，在古代都是要命的，比如伤寒、疟疾、肺结核。肺结核在古代叫肺痨，有分析认为林黛玉就是得这个病死的。还有天花，死亡率极高，以至于清朝皇帝立储时都会考虑皇子是否已经熬过天花的考验。这种死亡率极高的病，在现代已经被根除消灭了。

中华人民共和国成立后，国家普及现代医学，提高了人均寿命。1951年4月，上海青霉素实验所成功研制了第一支国产青霉素针剂，并于两年后实现了批量生产。不要小看青霉素，这个在20世纪由英国科学家弗莱明发现的抗菌素，拯救了无数人的生命。

历史是发展的，时代是进步的。很多人羡慕古人的生活，但如果真让你穿越回去，没准儿都熬不过一年，得个感冒就可能一命呜呼了。所以，穿越之前，别忘了买点药带着。

饮食篇

17 古人一天吃几顿饭？

俗话说：早吃好，午吃饱，晚吃少。一日三餐已经成为现代人餐制的标准。那古人一天吃几顿饭呢？我们来考察一下。

在原始社会，人们靠采集和狩猎获得食物，食物来源很不稳定，一天吃几顿饭也不固定。食物丰富的时候，可能一天吃好几顿，一直吃到撑；食物匮乏的时候，可能一天也吃不上一顿饭。电视剧《我爱我家》中，"二混子"纪春生是个四处混吃混喝的流浪汉，他对自己的胃口这样描述："这就是我们行业的特点了，有吃吃得下，没吃扛得住，一顿饭前后管一个礼拜，这样的胃口才过得硬。"古人的胃口估计也差不多是这样子。

进入农耕社会后，人们的食物来源相对稳定了，开始有了规律的餐制。但早期的餐制并不是一日三餐，而是一日两餐。

我国最早的文献记载见于甲骨文中，里面就记载了商朝时的一日两餐制。宋镇豪在《试论殷代的纪时制度——兼谈中国古代分段纪时制》一文中认为，商代人将一昼夜分为十六个时间段，依次是：旦、朝、食日、中日、昃、郭兮、小食、萌、莫、会、昏、杮、住、夕、寤、夙。这十六个时间段并不是将一昼夜二十四小时平均分割，而是根据人们的作息活动将一昼夜划分成十六个长短不一的时间段。比如说，"夕"是时间最长的，整个夜晚都叫夕，就是人们睡觉的时间段。"旦"就是早晨起床的时间段，大约是早上五点到七点的黎明时分。你应该也猜到了，这十六个时间段中的"食日"和"小食"对应的就是吃饭的时间。有学者分析，大食的时间应该是上午八点，小食的时间应该是下午四点。也就是说，在商朝的时候，古人是一日两餐，上午一餐，下午一餐。

至少从东周开始，中国人又将一昼夜二十四小时平均划分为十二个时间段，是为"十二时制计时法"。这十二个时制中，有两个叫"食时"和"晡时"的时辰，就是古人一日两餐的时间，分别是上午的七点到九点和下午的三点到五点。如果以地支命名，"食时"和"晡时"分别叫作"辰时"和"申时"。

古人的一日两餐，上午餐称"饔"，下午餐称"飧"，正所谓"朝曰饔，夕曰飧"。因此还有了成语"饔飧不继"，意指吃了上顿没下顿，形容生活十分穷困。

先秦时期形成的一日两餐的传统，到唐朝时发生了变化。唐朝时，在上、下午两餐的中间，多了一顿点心。也许是因为唐朝时人们白天活动的时间较之前延长了，两顿饭中间隔得太久容易饿，所以就在中午加了顿点心，是为午饭的雏形。今天南方一些地区，仍然管吃午饭叫"吃点心"，这种说法可能就是延续了古人的叫法。无独有偶，在韩语里面，"点心"一词也指午饭，很有可能是古时候受到了中国的影响。但需要说明的是，唐朝的午餐多存在于士人和富裕阶层，普通民众依旧是一日两餐。

到了宋朝，商品经济活跃，城市空前繁荣，人们的生活节奏也加快了，吃午餐就更有必要了。以至于有的学者认为，一日三餐在宋朝已经普及。"普及"一词多少有些夸大，但至少较之前是在逐渐向三餐制转变了。在很多宋朝文献里，都提到了一日三餐，如《雪坡舍人集》记载"不妨旧店新开，一日三餐要使饥人饱去"。宋人通常在天刚亮的时候就用早餐了，食用的食物多为粥、羹等流食，比较容易消化吸收。午餐一般在正午时分开始，多食用各式饼、饭等主食。晚餐的时间一般比较早，吃的东西与早餐差不多。但是，如果你生活在宋朝大城市里，晚餐可能就吃得晚了，因为城市夜生活丰富，吃太早了晚上会饿。即便饿了，倒也没事，因为宋朝夜市发达，晚上还可以吃夜宵。所以，宋朝可能还有一日四餐的情况，但这属于城市中的特殊情况。一些下层穷苦人家，可能一天两顿饭都不一定能吃好。如洪迈《夷坚志》就记载贫苦人是"每日两餐唯是藕，看看口里出莲花"，真的是吃得"口吐芬芳"了。可见，在宋朝，一天吃多顿饭也算是财富和社会地位的象征。

明朝时，江南地区基本普及了一日三餐。到了清朝，汉族人基本上都是一日三餐了。但是，作为统治者的满族人，仍然保留着一日两餐的传统。康熙皇帝就曾在给大臣的朱批中写道："尔汉人，一日三餐，夜又饮酒。朕一日两餐。当年出师塞外，日食一餐。"可以看出，一日几餐还涉及民族习惯和价值观念。

18 古代的"炊饼"是什么饼?

《水浒传》里,武大郎的职业是卖炊饼。很多朋友以为武大郎卖的炊饼就是今天的烧饼,甚至有厂商以武大郎作为品牌名字,注册了烧饼的商标。其实这是对武大郎的误解、对炊饼的误解和对历史的误解。武大郎卖的炊饼并不是烧饼。

炊饼是一种面食。我国很早就开始吃面食了,而饼又是面食中最常见的。在古代,面食几乎都可以被称为饼。汉朝比较常见的是"胡饼",面饼上撒上芝麻,烤熟了吃,芝麻当时又叫胡麻,所以胡饼也叫胡麻饼。胡饼起源于西域,是当地人的日常食品。汉朝时,胡饼经由丝绸之路传入中原,因来自西域胡人,故而称"胡饼"。从制作工艺而言,胡饼才像今天的烧饼,确切地说,更像今天我国新疆地区常见的面食"馕"。有学者考证,胡饼和馕就是一个东西,只是伊斯兰教传入新疆后,才有馕的叫法。胡饼在汉朝属于"西方进口"食品,深受新潮人士喜爱。据《太平御览》引《续汉书》记载,汉灵帝就特爱吃胡饼,这位皇帝钟情于各种胡人传过来的新玩意儿,吃的、用的都喜欢,是一个很时尚的皇帝。到了唐朝,胡饼更为流行,成为人民群众喜闻乐见的食物。白居易曾写诗盛赞胡饼:"胡麻饼样学京都,面脆油香新出炉。"《唐语林》还记载了一种做法奇特的胡饼"古楼子":将一斤羊肉一层一层铺在面饼中,"隔中以椒豉",就是在饼与饼的中间放椒和豆豉,"润以酥",即用酥油浇灌整个饼,然后放入火炉中烤,烤到肉大约五成熟的时候就可以取出来食用了。这种胡饼的制作方法,很像今天的比萨。

古代还有一种叫汤饼的面食,顾名思义,带汤的,肯定是煮出来的,类似今天的面条。还有一种叫蒸饼的面食,就是蒸出来的饼。将面团发酵后再蒸出来,其做法类似今天的馒头。蒸饼在先秦时就有了,至少在汉代就有"蒸饼"的叫法了。到了宋朝,蒸饼改名了。宋朝第四位皇帝宋仁宗叫赵祯,蒸饼的"蒸"字发音和"祯"字相近,古人很讲究避尊者讳,不能直呼皇帝的姓名,更何况在人人可吃的食品里。所以从宋朝开始,蒸饼不叫蒸饼了,改叫"炊饼"。答案揭晓了:武大郎卖的炊饼,就是蒸饼,类似今天的馒头。

有的人看小说时看到古代也有叫"馒头"的面食,这个馒头和蒸饼一样吗?不一样!古代称为馒头的面食,里面一般是带馅的,多为肉馅。南宋《梦粱录》中记载：南宋都城临安城中有卖羊肉馒头、糖肉馒头、鱼肉馒头、蟹肉馒头等。明朝宋诩写的烹饪著作《宋氏养生部》中就特别注明了：馒头有馅，蒸饼无馅。宋明时期的馒头，更像今天的包子。在宋朝，也有叫包子的面食，里面也带馅。在宋朝的文献记录中，包子与馒头是并列存在的，这说明二者还是有区别的，并非同一食品。那么区别在哪呢？有学者分析，应该是形状有所差异。清朝开始，对带馅馒头和不带馅馒头在叫法上做了区分：北方管无馅的叫馒头，有馅的叫包子；南方依旧管有馅的叫馒头，例如上海著名的小吃"南翔馒头"，其实就是一种小笼包。

馒头最初出现的时候，主要是和祭祀有关，因为原始社会流行"人首祭"，就是祭祀祖先神灵的时候要用人头作祭品。后来历史发展了，人类变得文明了，就改用人头形状的食品替代人首来祭祀，这样就出现了馒头。一直到明清时期，国人还流行用馒头当作祭品。明人李诩在《戒庵老人漫笔》中记载："祭功臣庙，用馒头一藏。"祭祀功臣，要用一藏馒头。"藏"是古代佛教用语中的一个数量词，意为五千零四十八。要用五千零四十八个馒头祭祀，看来这功臣的功绩不小啊！

民间还有种说法：馒头是诸葛亮发明的。根据宋朝的《事物纪原》馒头条记载，诸葛亮当年出兵西南征讨孟获，有人告诉诸葛亮，说蛮夷之地多邪术，要借助神兵才行，具体办法是杀人，然后用人头祭祀神,神就会出兵相助了。可是,诸葛亮不忍杀人,就下令杀牛宰羊,剁成肉馅,再用面团包成人头形状,上屉蒸熟,称为"蛮头",意为蛮族人的头。后来,人们觉得蛮头的名字太血腥了,就改称为"馒头"。这一说法太过传奇,可信度不高。但学界普遍认为,馒头的出现与古人的祭祀活动关系极大。由此可见,尽管传说不足为信,但传说中可能有真实历史的影子。

19 古人经常吃牛肉吗？

我们看《水浒传》里的梁山好汉都很爱吃肉，尤其爱吃牛肉。有人统计过，《水浒传》里梁山人物的饮食内容中，吃牛肉的频率明显高于吃猪肉、羊肉、马肉等其他肉类。其中最著名的吃牛肉桥段是武松到景阳冈饭店：

> 酒家道："只有熟牛肉。"
> 武松道："好的切二三斤来吃酒。"

那么，古人真的经常吃牛肉吗？答案是否定的，因为古代杀牛很难。在农耕社会，牛是重要的劳动耕畜和运输工具，所以古代官府对牛有诸多的保护政策。《礼记·王制》就规定："诸侯无故不杀牛，大夫无故不杀羊，士无故不杀犬豕，庶人无故不食珍。"

另外，受古印度佛教的影响，我国古代还流传着"杀牛、吃牛者遭疫病，得恶报"的传说，禁止杀牛也是一种民间信仰。我国历朝官府都有立法明令禁止私自杀牛。在汉朝，杀牛等同于杀人，可以判死刑。《淮南子》高诱注记载："王法禁杀牛，犯禁杀之者诛。"汉朝以后，虽然废除了杀牛偿命的规定，但杀牛行为依然要受到刑罚。唐朝是有期徒刑一年，或者给官府做苦役。宋初是"决脊杖十七"，就是往后背打十七棍子。元明清三朝，一般是"杖一百"，就是用棍子打屁股一百下。既然古代禁止民间杀牛，那《水浒传》里的英雄好汉为何总吃牛肉呢？

首先，自然病死的牛在宋代是可以吃的。牛病死或意外死亡后，报官府核验，然后可以自食或贩卖。到了《水浒传》成书的元末明初，年老体衰的牛也可以宰杀，但需要报官府批准。其次，《水浒传》里卖牛肉的多是乡野郊区的野店、黑店，官府监管不到，偷偷摸摸卖点牛肉也没人管。《水浒传》中的故事情节多来源于元杂剧，而元杂剧中最初的"梁山好汉"吃的并不是牛肉。元杂剧《黑旋风双献功》中，李逵吃的是"一罐子羊肉泡饭"。涉及鲁智深的几部元杂剧，主角吃的也是羊肉。所以《水浒传》作者施耐庵把吃羊肉改为吃牛肉，可能是为了突出梁山英雄好汉们的反抗精神。

还有一点更为重要，就是古代官方严禁吃牛肉，但不代表民间就真的能禁绝。而且正因为官方禁止，所以市面上牛肉稀缺，牛肉价格远高于其他肉类。宋朝时，每斤牛肉可以卖百钱，按照购买力换算，折合今天的百八十块钱。在利益的驱使下，一定会有人铤而走险，这也是古代能吃到牛肉的最重要原因。另外，尽管国家法律明令禁止，但现实执行中，官府也是睁一只眼闭一只眼，民不举，官不究。执法不严，违法不究，应该是宋朝违禁吃牛肉的现实情况。

宋真宗时，一个叫孔宗闵的官员上奏说"浙民以牛肉为上味，不逞之辈竞于屠杀"。由此可见，当时浙江私杀耕牛的情况非常严重。宋真宗听后大为震惊，下旨要求严厉惩处，开展"严打吃牛肉"全国行动。然而该行动无疾而终，因为官员上奏说民间吃牛肉的太多了，如果都抓起来，恐怕宋朝的监狱都不够用。宋真宗无奈，最后只能作罢——谁爱吃就吃吧！

同样是宋朝，山东莱州地区的官员对待民间吃牛肉问题的处理就显得更"与时俱进"：看到吃牛肉的太多，干脆就收起了"吃牛税"——吃牛肉可以，但你得交税！这样一来，既打开了牛肉交易市场，丰富了民众的菜篮子，又充实了地方政府的钱袋子，一举两得。

但是，农业社会吃牛太多，的确会对农业经济造成严重损害，最终又会破坏传统经济的根基。所以"吃牛税"遭到了强烈的批评，政府最后也停止了该政策。宋朝继续严禁吃牛肉，这就又回到无法禁绝的尴尬局面了。

20 古人吃哪些蔬菜？

上一篇咱们聊了古人吃肉的话题，接下来我们再说说古人吃蔬菜的事。如果穿越回古代，看到古人吃的蔬菜，很多人会立马崩溃——这居然也是蔬菜？

大家都听过先秦时期的荇菜，这种菜在《诗经》开篇里就有写，听起来是一种很高端的蔬菜。其实荇菜就是我们今天池塘里常见的浮叶。

汉朝时有五种主要蔬菜，被称为五菜，即"葵、韭、藿、薤、葱"。今人穿越回去，恐怕只认得韭菜和大葱。五菜里最流行的是"葵"，也就是今天的冬苋菜。汉乐府《十五从军征》里就写过"采葵持作羹"。另外，《诗经》里写的"采葑采菲"中的"葑"和"菲"也是古代常见的蔬菜，"葑"就是蔓菁，在我们东北叫"芥菜疙瘩"，主要用来腌咸菜吃。它还有个俗名叫"布留克"，据说来自俄语音译。"布留克"谐音是"不留客",在东北有种说法:拿芥菜疙瘩招待客人就是想送客了。至于"菲",听名字不要太期待,它其实就是我们今天常吃的大萝卜。古人也吃白菜,叫作菘,但古代吃的白菜是小白菜,到了明清之际,才改进杂交出大白菜。

中国人今天吃的不少蔬菜是古时候从外国传入的。丝绸之路开通后,大量西域蔬菜传入我国,比如从伊朗传入的黄瓜(当时叫胡瓜)、尼泊尔传入的菠菜、印度传入的茄子。到了唐朝,国人餐桌上的"进口"蔬菜就更丰富了。比如西域传入的芹菜,当时称"胡芹"。我国很早就有原生的水生芹菜了,但这种西域传入的旱芹更受欢迎,是我们今天常吃的芹菜的前身。唐朝人喜欢把芹菜腌制成醋芹,是佐酒下饭的佳肴。据《龙城录》记载,魏徵特别喜欢吃醋芹。有一次,太宗召他入宫吃饭,满桌的珍馐美味中,有三杯醋芹。魏徵狂喜,吧唧吧唧"猛炫"。饭还没吃完,醋芹就被魏徵一扫而光,颇显失态。

明朝时,我国又出现了一波蔬菜"进口"的高峰。此时,欧洲人开辟了新航路,发现了美洲大陆,很多原产于美洲的蔬菜传入了我国,如土豆、番薯、番茄、番瓜(南瓜)。今天川菜中最重要的一样蔬菜——辣椒,也是这个时期从美洲传入我国的。我们今天吃的蔬菜瓜果里,凡是名字里带有"番"字的,大多是明清之际传入我国的,这些都是从海上经"番船"(外国船只)带来的。如果蔬菜名字中带有"胡"字，则一般是汉朝、唐朝时传入我国的，因为这些是自陆上丝绸之路传入的。"番"和"胡"都带有以中华为中心的天朝意识，小小的蔬菜名都能映射出历史大背景。

今人吃的蔬菜，多是从市场上买来的，要么是近郊农民种植，要么是从外地蔬菜种植基地贩运而来。由于古代商品经济的发展和城市的繁荣，我国至少在宋代就出现了郊区蔬菜种植基地。宋初，都城汴京的蔬菜种植园多位于城西地区。后来，由于汴京人口暴增，用地空间紧张，蔬菜种植园多转移到远郊，特别是东南郊区。宋代的皇家园苑也有蔬菜种植功能，如玉津、琼林、宜春、瑞圣诸园及金明池后苑，都是皇家蔬菜种植园，种出来的蔬菜相当于"特供"。另外，宋代的蔬菜种植园还培育出了反季节蔬菜。《东京梦华录》记载："十二月，街市尽卖撒佛花、韭黄、生菜、兰芽、勃荷、胡桃、泽州饧。"这里的十二月是公历的一月份前后，那可是寒风刺骨的冬季，宋人却依旧能吃到新鲜的蔬菜，这得益于古早"温室种植技术"的推广。宋人在诗中还写了冬天种植韭黄的方法："乃知粪土暖，能发萌芽春。"

明清时期，有三样外来蔬菜对中国历史发展影响极大，这就是玉米、番薯、马铃薯，我们东北俗称苞米、地瓜、土豆子。这三样农作物，既是蔬菜，也可以当主食。特别是对一些贫困地区的民众而言，它们还是能够救命的救荒主食。在古代传统农作物种植时代，我国耕地的人口承载量有限。一旦人口超过一定数量，人地矛盾就会尖锐起来，甚至爆发饥荒和民变。明清以前，我国人口最多也就是一个亿，再多就要出事了。直到玉米、番薯、马铃薯传入我国，这种人口数量瓶颈被突破了。玉米、番薯、马铃薯最大的优势是对环境适应能力强，且单位面积产量远高于小麦和水稻。它们可以广泛种植在贫瘠的山区或丘陵坡地，不与中国传统的稻麦作物争地。康乾盛世期间，人口繁育速度快，人口压力凸显，国家最大的压力就是没有足够的粮食。为了鼓励民众开垦荒地，乾隆时制定了包括免税在内的多项优惠政策，鼓励民众开垦荒地用来种植玉米、番薯、马铃薯等高产作物。自高产农作物推广后，中国的人口就呈现出爆炸式增长，最终达到农耕文明的顶峰——四亿。香港科技大学历史学教授龚启圣通过对大量数据分析后认为：从1776年到1910年，中国14.12%的人口增长是由玉米推广带来的。从16世纪初到20世纪初，中国粮食增量的55%是来自这三项新作物（玉米、番薯和土豆）。近代中国的四万万同胞，可能真得感谢来自远方的地瓜和玉米。

21 古人什么时候开始吃炒菜？

炒菜是中餐特有的烹饪方式，也是最重要的烹饪方式。有统计表明，中餐菜肴里有80%左右都是炒菜，以至于外国人认为"炒菜是中国菜丰富的原因"。然而在中餐历史上，炒菜的出现是相对比较晚的，其霸主地位的确立也仅仅是最近三四百年的事情。

中餐最早的烹饪方式主要是烤、煮、蒸。相比之下，火烤要更早一些。人类最早吃的熟食就是"烧烤"，会用火时就会烧烤了，距今已有上百万年的历史。在《说文解字》里，表示烧烤方式的文字主要有三个。第一个是"炙"，就是用火直接烤。第二个是"炮"，是将带毛的肉块用泥裹上，然后放在火上烤，类似今天"叫花鸡"的做法。第三个是"燔"，是将食物放在烧热的石头上烤，类似今天的石板烧。进入新石器时代后，古人发明了制陶技术，有了陶器就可以烧水了，古人的烹饪方式又出现了煮和蒸。

烤、煮、蒸这三种较为朴素的烹饪方式流行到唐朝，又进一步有了许多新的发展。

唐朝时，依旧流行吃烧烤。不过，唐人的烧烤方式多种多样，不是只有烤肉串和烤全羊这种简单粗暴的烧烤。比如唐朝京都有道名菜"浑羊殁忽"，做法非常复杂。宰杀一只鹅，然后将糯米和各种调味品放到鹅肚子里，再将鹅放入宰杀好的羊腹中缝合，最后整体上火烤。等羊肉烤熟了，再把肚子里的鹅拿出来吃。古人在烧烤上花的心思绝对是今人想不到的。

△ 汉代庖厨图画像砖拓片

唐朝有一份菜单一直流传到今天，即著名的《烧尾宴食单》。菜单中有一道"光明虾炙"，据分析就是烤大虾。除此之外还有烤鹌鹑、烤羊舌、烤鹿舌等。可以说烧烤才是中国菜中的王者。

至于煮，就是做各种汤羹，今天广东人依然喜欢煲汤，和古人最初的饮食传统一致。另外，古代还有一种常见的菜品，叫作"脍"，就是将肉切细。脍一般是生鱼切片。日本人爱吃生鱼片，就是受到了唐朝的影响。生鱼片加烧烤，就是成语"脍炙人口"的由来了。

唐朝之前，中国也有炒菜，最早的记载见于南北朝的《齐民要术》。历史上炒菜的祖宗，是一道非常简单的菜品——炒鸡蛋。但是炒菜在那时候并不流行，很少在大众餐桌上出现。到了宋朝，炒菜才逐渐普及。《东京梦华录》里记载的炒菜就有炒鸡、炒兔、炒羊、炒牡蛎、炒腰子等。到了明清，炒菜便成为中餐最主要的烹饪方式，一直延续到今天。

为何炒菜在宋朝之后才开始普及呢？

首先是铁锅制造技术的发展。锅的先祖是釜，就是曹植七步作诗"豆在釜中泣"里说的釜。早期的釜多是陶制的，没法炒菜，因为用铲子叮叮当当一炒，陶釜就碎了。汉朝冶铁技术进步，出现了铁釜，也就是铁锅，但用的人并不多，因为价格高，质量差。宋朝开始，我国古代钢铁铸造技术定型，铁矿石产量也大幅提高，耐用且便宜的铁锅走入了寻常百姓家。与之相伴随的，炒菜成了人们的日常烹饪方式。到了元明时期，薄铁锅制造技术更加成熟，炒菜的地位也随之奠定。

其次是油料的普及。油是炒菜最关键的原料。唐朝之前，油料并没有大量出现，只有少量动物油，基本不用于炒菜。唐朝时，植物油开始普及，炒菜成为可能。宋朝炒菜流行用芝麻油，类似今天的香油。但芝麻油用于炒菜并不是太好，容易盖住食物原有的味道，而且经常把菜炒黑。到了明清两朝，南美花生油登陆中国，这种油料非常适合炒菜，为炒菜的崛起奠定了另一个基础。

另外，食材种类的变化也起到了关键性的作用。唐朝及唐朝以前，人们皆以肉食为主，素菜种类不多。宋朝时，素菜开始大放异彩。而蔬菜的烹饪，最佳方式还是炒，炒出来的蔬菜最美味。蔬菜的流行，为炒菜提供了大量食材来源。

最后也跟肉类食材的匮乏有一定关系。特别是明清两朝，人口压力大，普通民众很难吃到肉。用二三两肉结合蔬菜，就可制作出各种美味的炒菜，这是其他烹饪方式无法做到的。明清之际，北方民众燃料紧缺，而烧烤和炖煮需要长时间加热，太费燃料。与之相对的，铁锅导热快，炒菜加热时间短，大大节约了燃料。炒菜的流行，符合我国古人的节能意识，属于古代的绿色烹饪方式。

综上所述，古人最初不怎么吃炒菜，宋朝之后才流行。今天，相对于其他菜系而言，粤菜中炒菜所占的比例较小，不知道是不是保留了华夏最初的烹饪习惯。所以，如果你是个"吃货"还想穿越，最好是穿越到宋朝以后。否则，你每天就只能喝"汤"吃"烧烤"了。

22 古人用什么餐具？

提起最具中国特色的餐具，很多人会想到筷子。但很多国人可能不知道，中国人最早用的餐具还真不是筷子，而是勺子和刀叉。

古人最初不用餐具，或者说餐具就是"双手"，直接抓着吃。进入新石器时代后，才开始使用餐具，因为蒸煮食物普及了，不用餐具就太"费手"了。我国最早的餐具之一是勺子。在新石器时代早期的磁山、裴李岗遗址中，出土了许多骨质餐勺，距今约八千年。时间稍晚的河姆渡遗址中，也出土了骨质餐勺，和今天的勺子几乎一样。

进入青铜时代后，国人可以冶炼金属了，餐具也转变为金属材质，这时就出现了餐刀和餐叉。最初，人们称餐勺为"匕"。考古出土的先秦青铜匕，前半部多是扁而微凹的，这样既可以当刀用，也可以当勺用。此时的餐叉也很普遍，在距今四千多年的西北齐家

△ 商代妇好墓骨勺

△ 青铜匕

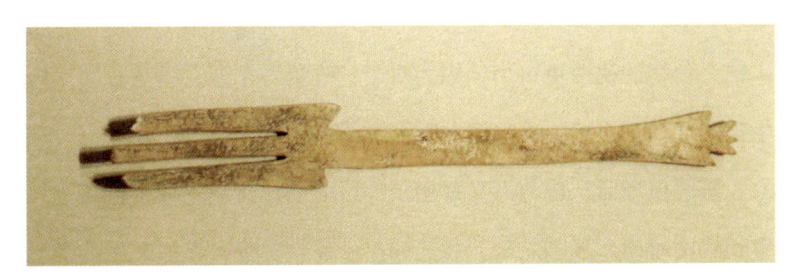

△ 新石器时代的骨叉

文化遗址中，就出土了骨质的餐叉。在洛阳中州路东周墓，一次就出土了骨质餐叉五十一件，说明春秋战国时期还在广泛使用刀叉。这也不难理解，因为从食物进化的角度看，人类最初的食物并不精细，从茹毛饮血到文明初期的大块肉，显然更适合用刀叉分割食物。筷子的出现，就要晚一些了。

目前，经考古发现，年代最早的筷子是河南安阳殷墟出土的铜筷子。文献记载中，《韩非子》有"纣为象箸"的内容。这里的"箸"就是指筷子，纣王用象牙做的筷子，非常土豪。根据考古和文献可以推测，筷子的出现应该是在商朝，晚于勺子和刀叉的出现。关于筷子的起源，学界还没有统一的意见。有的学者认为，筷子来源于仿生学，是模仿鸡爪子抓东西，非常稳准；也有的学者认为筷子仿生于鸟嘴，大鸟给小鸟喂东西时，两个长长的鸟喙把食物夹得很稳。除了仿生学起源外，有的学者认为筷子源于古人煮食物时用木棍搅拌。有的时候，为了看食物熟没熟，古人就会拿两根木棍夹一小块食物出来品尝，久而久之，就衍生出了筷子。我认为，木棍夹食物的说法更可信，因为对于"吃货"来说，哪有时间去仿生观察动物，一切关乎吃的发明都来源于"吃货"的日常实践。

筷子出现后，曾与刀叉并用了一段时间，持续了一千多年，一直到战国时期。战国之后，餐叉的出土非常稀少，秦汉之后几乎绝迹。而筷子的使用却越来越普遍，最终成了中华文明的代表餐具。筷子之所以取代刀叉，也与我国特有的饮食文化密不可分。

首先，筷子的普及顺应了食物的精细化。最初的筷子，主要是上层贵族使用，因为贵族的饮食率先精细化了，制作食物时，已经将大块食材分割成小块，这样在食用的时候就不必再用刀叉切割，直接用筷子夹入口中即可。在古代，动手越少代表越尊贵，所以筷子的出现是等级分化和食物制作精细化共同作用的结果。

其次，筷子的普及也和周朝制定的礼制有关。礼制追求"亲亲"与"尊尊"，就是大家和同与尊重上级。外形锋利的刀叉显然不够尊重，尤其是在和君王一起吃饭时，臣下用刀叉就很容易产生误会，甚至真的出现"刀叉刺客"。相比之下，筷子就文雅得多了。随着礼制的推广，筷子成为中华先进文化的代表，逐渐从贵族阶层走进了寻常百姓家。平民阶层使用的筷子，多用廉价的竹子或木头制成。所以，无论是叫"筷"，或是叫早期名字"箸"，两个字都是竹字头。

最后，筷子成为我国的主流餐具，还和我国农耕文明的特质有关。游牧文明以食肉为主，吃肉就离不开刀叉；农耕文明的主食不是肉，而是粮食和蔬菜。无论面条、米饭、炒菜，都更适合用筷子吃。古代的游牧文明也学着用筷子，但实践过程中发现筷子无法应对他们常吃的大块肉。后来，游牧民族就将筷子和刀叉并用，进行了文明融合后的改良。

那古代西方人用什么餐具呢？在古代大部分时间里，西方人是不用餐具的，而是直接用手抓着吃。即便是强盛的罗马帝国时代，贵族最时尚的吃法也是躺在床上用手抓食物吃。在基督教统治的中世纪时代，手抓食物更是从宗教和文化上被认可，教会认为食物都是上帝恩赐给人类的，必须用手直接接触才能体现敬意，用餐具是对上帝的傲慢无礼。古代西方人用手抓食物吃也有等级区别，王室和贵族是用三根手指抓着吃，平民用五根手指抓着吃。今天的印度人还在用手抓食物吃。

那西方人是从什么时候开始使用刀叉的呢？有历史学者分析，人们广泛使用餐叉是从公元10世纪的拜占庭帝国时期开始的。据传，是因为意大利面汁水太多，用手抓吃相太难看，于是就有了餐叉，可以把面条卷在四个叉齿上送进嘴里。还有的学者认为餐叉并不是西方人的原创发明，很可能是从东方传入的。因为拜占庭帝国位于东西文明的交汇处，所以成为最早使用东方叉子的地区，而餐叉传播的源头可能就是中国。

23 古人吃火锅吗？

火锅是国人非常喜爱的美食，东西南北，只要有中国人的地方就会有火锅。火锅种类众多，若按江湖论，可分为三大门派。北方火锅以涮羊肉为主，粤式火锅以海鲜、肉类为主，而大家熟知的还得是川渝火锅。这一篇咱们就聊聊中国火锅的历史。

关于火锅的起源时间，目前学界众说纷纭，有"商周说""战国说""元代说"等。如果将火锅简单理解为"用锅烧水涮食物吃"的话，那么中国火锅的历史就非常悠久了。早在先秦时期，我国就已经有火锅了，但用的不是锅，而是鼎，准确的叫法应该是"火鼎"。到了汉代，还出现了内部分格子的鼎，样子有点像今天的九宫格。那时候的火锅不是即涮即吃，而是用沸水长时间煮食物，其做法更像今天东北的大锅炖，不是真正意义上的火锅。

到了宋代，人们开始用火锅涮肉吃了，但涮的不是牛羊肉，而是兔肉。宋人吃火锅的时候,大家围坐在"风炉"(上面架着火锅)四周,将腌制好的兔肉放入沸水中滚熟,夹出后即可食用。口味重的还可以蘸着调料吃,很有今天吃火锅的味道了。宋朝林洪撰写的饮食书籍《山家清供》里,盛赞这种火锅是"浪涌晴江雪,风翻照晚霞",意思就是说汤锅沸腾如白雪,兔肉鲜红似晚霞。宋人风雅,给涮兔肉火锅起的名字就叫"拨霞供",这个名字不但色香味俱全,还很文艺。

真正奠定今天涮肉火锅基础的是蒙古族人。蒙古族人好吃羊肉,但在外行军打仗时,炖羊肉很麻烦,因此他们就将羊肉薄切,在沸水里涮一下即熟。随着蒙古族人征服中原,这种火锅也传入了

△ 古代的铜火锅

中原。热气腾腾的涮肉火锅，在北方更受欢迎，因为它不光好吃，还能取暖。在"中国基本古籍库"中搜索"火锅"一词，最早出现在唐朝杜佑撰的《通典》中。但"火锅"一词的广泛出现则是在明清时期，这也侧面证明了火锅起源于元代。

到了清朝，因为满族人是从东北来的，所以很爱吃热乎乎的火锅。清朝曾经举办过几次规模宏大的"千叟宴"（皇帝宴请六十岁以上的老人聚餐），宴席上就有皇帝喜爱的火锅。乾隆五十年（1785年）那次千叟宴，火锅更是成了宴席的主角。根据刘桂林《清代宫廷大宴——千叟宴》记载，那次千叟宴共分两个等级的宴席：

> 一等宴席每桌摆设火锅两个，猪肉片一个，煺羊肉片一个，鹿尾烧鹿肉一盘，煺羊肉乌叉一盘，荤菜四碗，蒸食寿意一盘，炉食寿意一盘，螺蛳盒小菜两个，乌木筋两只；另外备肉丝烫饭。次等宴席每桌摆设火锅两个（铜制），猪肉片一个，煺羊肉片一个，煺羊肉一盘，烤狍肉一盘，蒸食寿意一盘，炉食寿意一盘，螺蛳盒小菜两个，乌木筋两只；同样备肉丝烫饭。

可以看出，两个等级的宴席中，火锅都是最主要的菜品。皇家的喜爱，就会引起民间的流行。火锅后来流传至京城市肆，多由清真饭馆经营。《旧都百话》有记载:"羊肉锅子,为岁寒时最普通之美味,须于羊肉馆食之。此等吃法,乃北方游牧遗风加以研究进化,而成为特别风味。"据说直到光绪年间,北京"东来顺"羊肉馆的老掌柜买通了太监,从宫中偷出了"涮羊肉"的作料配方,"涮羊肉"才得以在都市名菜馆中出售。

今天红遍大江南北的川渝火锅,其出现的时间要晚于北方涮肉火锅。与北方涮肉火锅相比,川渝火锅有两大特点。一是涮的食材,川渝火锅多涮毛肚、鸭肠之类的下水,较少涮肉;二是涮锅的汤料重麻辣,又以四川重辣和重庆重麻为不同。要知道,辣椒迟至明朝才传入我国,中国人食用辣椒不过是最近二三百年的事,因此川渝火锅不可能早过这个时间。川渝火锅的具体诞生时间可能是在清末民初时,诞生地点则应是长江沿岸的码头地带。具体的诞生地点,学界目前主要有"重庆说""泸州说""自贡说"三种说法。我个人比较倾向于"重庆说"。

清末民初,重庆码头一带有很多靠挑货运输为生的力工,类似今天重庆的"棒棒"。这些力工比较穷苦,吃不起牛羊肉,但又得吃肉类补充体力,廉价的牛内脏下水成了他们的首选。比如毛肚、腰、肝之类,统称为"水八块"。当时的码头附近有许多卖"水八块"的小食摊,摊贩将牛下水切成薄片,摆在不同的碟子里。摊边的泥炉上架一个分格的铁盆煮卤汁,食客自选一格,用长筷夹起切片的"水八块"且烫且吃,吃完了按空碟数计价付款。卤汁里有辣椒、花椒、姜、蒜等辛辣作料，一是迎合当地人的嗜辣口味，二是以麻辣味压盖下水的腥味。这些小摊距离南纪门的宰房街不远，这里因宰杀水牛而得名。水牛宰杀后，牛下水一般没人买，屠户就将其卖给附近卖"水八块"的摊贩。

川渝火锅的起源"自贡说"和"重庆说"大同小异，主要也是从原料和市场两个角度论证。自贡自古就产盐，晚清咸丰年间步入鼎盛。那时候，自贡盐场的盐工众多，推卤水的役牛也很多。盐工需要廉价的肉食补充体力，役牛又多有病死、累死。前者产生了市场需要，后者提供了原料供应，加之川西南还是重要的花椒产地，多个因素共同作用下，川渝火锅就在自贡诞生了。

"重庆说"和"自贡说"都有一定的道理，着实难以下定论。但二者又有一个共同点，即最初的川渝火锅都是给穷苦人吃的"廉价食品"，是不折不扣的"穷人乐"，但美食不问出身。

24
古人什么时候开始吃辣椒？

当下，辣味食品很是流行，对一些人来说，可谓"无辣不欢"。中国古人也爱吃辣，但辣味的最初来源并不是辣椒。古代中国最常用的辛辣味调料是花椒、吴茱萸、生姜。吴茱萸就是王维诗里说的"遍插茱萸少一人"中的茱萸。用量比例最大的辛辣味调料是花椒。唐朝时，三分之一以上的菜肴都用到花椒。可以说，花椒才是中国古代的辛辣之王。那为什么古人不吃辣椒呢？答案是吃不着。

辣椒原产自中南美洲的热带地区，据考古学家估计，公元前5000年的印加人就已经吃辣椒了。在欧洲人开辟新航路之前，美洲大陆长期处于隔绝状态，未被亚欧人发现。哥伦布发现新大陆后，把辣椒带回了欧洲。后来，欧洲对外扩张，辣椒又随着葡萄牙人传到了印度和东南亚。至于辣椒如何传入中国，学者还没有定论。多数学者认为，辣椒是在明朝时经过海路从东南亚传入我国的，最先的传入地是浙江。也就是说，明朝之前的中国人是吃不到辣椒的。

以前我看过一个说法：张仲景在汉朝发明了饺子给大家御寒，饺子馅里面就有辣椒。这纯属无稽之谈，除非张仲景穿越到了明朝。文献上首次对辣椒的记载，见于明朝万历年间高濂的《遵生八笺》。高濂就是浙江杭州人，这里可能是辣椒在我国最早的登陆地。随后，辣椒由浙江、长江沿线、福建三条传播路径，遍布全国，传到四川时已经比较晚了。在辣椒传入之前，川菜的辛辣味多来自花椒。花椒更多体现的是麻，其辣度远不如辣椒。经常有人说"四川人吃辣两百年，吃麻上千年"，这种说法是有道理的。

然而辣椒最初传入的时候并不是用来食用，而是作为观赏植物，真是暴殄天物！国人最早吃辣椒的，并不是四川人，而是湖南人和贵州人。湖南人吃辣椒是为了祛湿驱寒，而贵州人吃辣椒是被当时的贫穷逼出来的。清朝时，贵州交通闭塞，物资匮乏，人们缺少食盐。康熙年间，贵州严重缺盐，人们觉得辣椒的辣味可以代替咸味下饭，于是就用辣椒代替食盐来烹饪。《思州府志》记载："海椒，俗名辣火，土苗用以代盐。"到了乾隆年间，辣椒已经被湖南人和贵州人广泛食用。随后，临近的云南人和四川人也开始吃辣椒。等四川人普遍吃上辣椒，那得是同治年间的事了。四川人吃辣的历史，最多不过两百年。今天最爱吃辣椒的地区，湖南和云贵川也排在前面，这些省份恰恰也是我国古代最先吃辣椒的地区。吃辣椒并不完全是个人喜好，甚至可以说是一种历史选择。

今天，中国是全球辣椒产量最大的国家，其产量超过世界总产量的一半。中国哪个地区的人最爱吃辣椒呢？是四川人吗？是的！根据历史地理学者蓝勇的统计，中国饮食辛辣指数最高的是川渝地区，指数高达151；第二名是湖南，辛辣指数是59；第三是湖北，辛辣指数是29.2；最低的是广东，辛辣指数是8.84。不知道为何没有统计贵州，在我的印象中，贵州人吃辣不逊色于四川人，"老干妈"就可以证明。

为何四川人爱吃辣椒呢？这和气候有很大的关系，如果将中国吃辣指数地图和太阳辐射量地图相对比，大家会发现：重辣区与太阳辐射热量每年低于一百一十千卡的地区高度重合，而且重辣区多是冬季湿冷地区，或居住在光照少的地区。如果光照少，冬季也湿冷，那一定是重辣区，四川就属于这种。

虽然四川人最爱吃辣椒，但辣椒产量最大的地区却是山东。中国最辣的辣椒也不产自四川，而是海南的黄灯笼辣椒和云南的涮涮辣。世界上最辣的辣椒也并不产自中国，而是龙息辣椒，辣度指数超过朝天椒一百倍，生吃这种辣椒的感觉可以完美诠释成语"生不如死"。大家可千万不要试！

25 古人怎么喝茶？

在许多南方方言里，喝茶被叫作"吃茶"。比如讲闽语的福建人，就说"吃茶"。称"喝茶"为"吃茶"，可能是保留了古人的叫法。唐朝时，人们就不是喝茶，而是吃茶。

唐朝之前，人们饮茶的目的五花八门，有当药的，有当菜的，喝法有点像喝中药或喝菜汤。到了唐朝，饮茶开始成风，有首歌叫《爷爷泡的茶》，里面就唱道："唐朝陆羽写《茶经》三卷，流传了千年。"可见，唐朝饮茶成为国人普遍的文化记忆。

唐朝饮茶成风与当时佛教的兴盛密切相关。佛教在唐朝大盛，衍生出了诸多派别，如华严宗、法华宗、净土宗、禅宗。对后世影响最大的，当数禅宗。禅宗讲究坐禅修行，就是盘腿一坐，然后一动不动地思考，寻求禅悟，俗称"参禅打坐"。参禅一坐就是小半天，这很耗费体力，又很容易犯困。可是，佛教戒律又有"过午不食"的要求。不能吃，那就只能喝了，喝茶成了禅宗僧人最佳的补充体力方式，相当于今人喝能量饮料。后来，由于禅宗的兴盛，带动了饮茶之风的流行。

唐朝形成了较为规范的喝茶方法，但和今天很不一样——不是喝茶，而是"吃茶"。1987年，陕西扶风法门寺出土了一整套唐朝宫廷吃茶器具，揭开了唐朝人吃茶方式的面纱。唐朝人吃茶的时候，不是冲泡茶叶，而是煮茶或煎茶。他们用的多是"饼团茶"，先把生茶叶蒸青、捣碎，做成茶饼烘干。茶饼使用前，要先用"烘焙器"将茶饼烘干，然后再用"碾罗器"中的茶碾子将茶饼碾碎，茶碾子和药捻子很像。接着，用"碾罗器"中的茶罗子筛茶，筛出杂质，留下茶粉。然后将茶粉存放在"贮茶器"内，随时备用。饮用时，要用"煮茶器"煮沸茶粉，同时加入盐和胡椒等调料。因此，法门寺这套茶具里还有调料盒，存放各种调料。最后煮出来的茶是有点黏稠的，也称为茶汤。这样的茶，最佳用法是吃，而不是喝。法门寺茶具所还原的唐朝吃茶方法，和陆羽《茶经》中描述的吃茶方法基本契合。可以将其简要概括为以下六个步骤：焙炙，碾碎，筛箩，煮水加盐，加茶粉，品茶。

唐朝的茶是碾成粉后饮用，这种饮用茶粉的习惯后来传到了日本，慢慢就衍化出了抹茶，今天仍受大家欢迎。当下，一提到抹

△ 南宋点茶技艺（出自刘松年《撵茶图》）

茶，大家会觉得它来自日本，其实抹茶的起源是中国的唐朝，只是日本保留了唐朝的古风。

到了宋朝，更为流行的是点茶法。尽管同样是用茶粉作为原料，但与煎茶法不同的是，点茶法是将茶粉放在茶碗里，注入少量沸水调成糊状，然后继续注入沸水，同时用茶筅搅动，使茶末上浮，形成粥面。

宋朝的文人喜欢比拼点茶手艺，制定了一整套的规则，形成了"斗茶"的风俗。宋徽宗还写过一部关于茶的专著《大观茶论》，里面对斗茶风俗有详细的记载。其整个过程为："搅动茶膏，渐加击拂，手轻筅重，指绕腕旋，上下透彻，如酵蘖之起面，疏星皎月，灿然而生。"这种带有表演性质的点茶技艺，单从操作本身来看，今天日本的茶道与之非常相似。这并非巧合，恰恰是因为日本茶道源于中国唐宋的茶文化。

到了明朝，人们发明了炒青制茶法，茶的喝法也发生了巨大改变。炒青后的茶叶用热水冲泡即可，无须食用就能享受其芳香。明朝人也认为，相比烦琐的点茶法，泡茶法"简便异常，天趣悉备，可谓尽茶之真味"。另外，明朝放弃吃茶，也和明太祖提倡节俭有关。宋朝时，宫廷喝的茶主要产自岭南一带，因茶饼上印有龙的图案，所以又称"龙团"。龙团的制作过程非常烦琐，"必碾而揉之，压以银板，为大小龙团"。《馀冬序录摘抄·内外篇》中曾记载："太祖以重劳民力，罢造龙团，一照各处，采芽以进。"因此不喝煎饮的龙团了。受朱元璋影响，明朝以后的茶叶才开始流行冲泡后清饮，并一直延续到了今天。

现在，南方一些地方依然会在煮茶时加入一些作料，和唐朝人吃茶很像。广东梅州、汕尾地区的客家人，流行一种"擂茶"，将绿茶加入大米、芝麻、花生、食盐、生姜等作料放入钵内，用一根半米长的"擂棍"捣碎，然后再加水煮沸。今人普遍认为，客家人的祖先是宋朝之前的中原人，因战乱等迁居南方。客家文化中保留了许多古代中原文化习俗，被称为"中原文化的活化石"。因此，透过擂茶，我们可窥视唐朝吃茶情景之一二。擂茶，也许是穿越了千年的活历史。

△ 抹茶

△ 擂茶

26
古人为什么那么能喝酒？

文学作品或影视剧里的古人往往都很能喝酒。"李白斗酒诗百篇"，唐代用的小斗，一斗大约合今天的两升，也就是说，李白能喝三四斤酒。这还不重要，关键是喝完这么多还能写诗，今人喝了这么多估计只能"尿湿"了。更厉害的是武松，在景阳冈喝了十八碗。这一碗不管怎样也能装四两酒，就算武松手抖，洒了许多，十八碗也得有六斤酒。武松喝完还能上山，还能打虎，而今人还没喝到六斤白酒，就上医院了。

古人为什么有这么好的酒量呢？玄机就在于他们喝的酒和我们今天的酒不一样。

古人最早喝的酒都是酿造酒，也称发酵酒。发酵过程是个化学变化，核心是将食物中的糖分分解成乙醇，即酒精。为了加速分解，要在食物中加入酵母菌，酵母菌产生的酒化酶可以加速分解。

所以，古代酿酒的关键就是酵母菌。古人通过酒曲获得酵母菌，实际上就是发霉的谷物，上面汇集着许多微生物。古人也不懂这些化学原理，完全是靠经验。酿酒时，一般以大米、黍米、粟米等谷物为主要原料，然后加入酒曲，发酵后再过滤掉残渣，就可以得到酒了。

古代的过滤技术不是特别好，酒里总会残留谷物的细小残渣，所以酒体呈现出浑浊状态。那时酿酒也没有灭菌技术，酿出来的酒含有很多微生物，因此表面还会浮一层白色的漂浮物，细如蚂蚁，所以也有"绿蚁酒"之称。古代文学作品中经常称酒为"浊酒"，这也是因为酿酒技术不成熟。这种酒还容易腐败变质，所以那时候的人习惯煮了再喝。曹操与刘备煮酒论英雄，实际上是在搞杀菌消毒工作。

这种发酵酒的度数不会太高，因为酒精度数一旦高了，就能杀死酵母菌，发酵也就停止了。具体多高，这还跟每个时代的酒曲质量和酿酒工艺有关。比如汉朝人喝的米酒，度数就极低。宋人沈括在《梦溪笔谈》里就说："若如汉法，则粗有酒气而已，能饮者饮多不乱，宜无足怪。"意思是说汉朝的酒喝不醉，是因为他们的酒太水，顶多算有点酒的味道而已。汉朝的米酒很像今天的醪糟，类比一下，酒精度也就三度至五度。

到了唐朝，酿酒技术有所提高，酒精中的杂质被进一步过滤澄清，可以得到"清酒"。这种酒经过窖藏处理以后，度数在五度左右，在那时已经是很好的酒了。李白喝的酒，顶多也就五六度，和今天的啤酒差不多。李白喝一斗酒，也就相当于今天的四五瓶啤酒。在我的老家黑龙江，这个酒量也就是普通成人的水平。

到了宋朝，酿酒工艺进一步提升，酒精度能到十几度了。但绝不会超过二十度，因为二十度酒精是酵母菌的忍耐极限。武松喝的十八碗酒，估计就是十几度的。换算成今天五十多度的白酒，武松应该喝了一斤多。这个酒量在今天也算厉害了，但在武松的老家河北，这个酒量的汉子还是不难找的。

在宋朝之前，人们只能喝到发酵酒，最高十几度，基本上可以当啤酒或红酒喝，所以古人喝酒都是用大碗的。然而，技术壁垒终究阻挡不了"酒蒙子"对烈性酒的渴望。这个"酒蒙子"，就是辽金时期的东北人。经过他们的不懈努力，高度的蒸馏酒横空出世了。蒸馏酒的制作方法，是把经过发酵的酿酒原料进行一次或多次的蒸馏提纯。其原理是一个物理反应。众所周知，标准大气压下，水的汽化点是一百摄氏度，而酒精的汽化点是七十八点三摄氏度。蒸馏时，将酿酒原料加热到七十八点三摄氏度到一百摄氏度，酒精就会率先汽化出来，汽化酒精遇到冷凝装置后，又会液化，液体顺着导流管出来，人们就可以得到蒸馏酒了。这种蒸馏酒的酒精度能达到四十度，高一些的能有六十多度。我们今天喝的白酒，就是这种蒸馏酒。因为蒸馏酒的酒精含量高，可以点火，所以蒸馏酒又称为"烧酒"或"烧刀子"。

过去很长时间里，国人都认为蒸馏酒技术是元朝时产生的，是蒙古人从阿拉伯人那学来的。李时珍的《本草纲目》就说："烧酒，非古法也，自元时始创其法。"然而，近年来随着研究的深入，蒸馏酒起源于元代的说法站不住脚了。蒸馏技术在我国很早就有，蒸馏酒的规模化生产则是在辽金时期，这是有考古证据支撑的。2006年，吉林大安发现了辽代的白酒蒸馏器具。经过复原，其复制品可以蒸馏出六十度的白酒。北宋名臣欧阳修曾出使辽国，诗中就记录过"斫冰烧酒赤"，意思是说辽国人在制作蒸馏酒的时候将冰块加入冷凝锅中。这样做，是为了加快酒精蒸汽液化，提高酿酒速度。考古发现和文献记载完全对应上了，这基本就实锤了。

无论是元朝，还是辽金，都是我国北方民族建立的王朝。他们生活在蒙古草原和东北地区，蒸馏酒在这里普及，是和这里的气候密不可分的。这里冬季漫长且寒冷，人们喜欢喝高度酒来取暖。像"战斗民族"俄罗斯人，他们生活在更北的地方，所以爱喝度数更高的伏特加。

虽然蒸馏酒技术不是在元朝出现，但蒸馏酒在中国的普及的确是在元朝。伴随着蒙古族人入主中原，蒸馏酒被带到中原地区，而后流行于大江南北，一直延续至今。当下，那些历史悠久的白酒品牌，它们的诞生年代都没有早于元朝的，一般是明朝。

如果有人想穿越到元朝之后，那喝酒时一定得悠着点。但如果是元朝以前，那就不用怕，可以跟古人放心大胆地喝！

文化篇

27 古人说话也用文言文吗？

很多人以为古人在日常说话时也满口"之乎者也"，担心穿越回去不会说"文言文"，没法和古人交流。这种担心是多余的，因为古人日常交流说的也是大白话。

语言作为一种社会交际工具，一般都有口语和书面语两种表达形式。所谓"文言文"，就是古人写文章时用的书面语言。文字产生于口语之后，任何语言都是先有口语，而后才有书面语。最初的书面语，也就是加工过的口语文字。秦朝以前，文言文与口语的区别并不大，此为"言文一致"。实际上，文言文就是将商周时期的口语简化后加工而成的。从文言文基本定型的春秋战国时期到近代新文化运动前的两千年里，文言文基本没有大的变化。只是随着时代的变化，加入了一些新词汇而已。但人们日常交流的口语却一直在变，变化的原因主要是受移民的影响，比如游牧民族南迁。尤其是魏晋南北朝时期，北方游牧民族内迁，大大改变了汉语的口语。唐宋以来，随着市民阶层的兴起壮大，口语越来越通俗化，与文言文的差距也越来越大，人们平时说话和写文章已经完全不一样了。

既然口语变了，那古人的书面语为何不跟着一起变呢？我认为，这主要有三个原因，一是为了节省书写成本，二是为了显摆，三是政府倡导。

白话文尽管容易读懂，但真的不容易写，因为用字太多。同等信息含量的内容，如果用白话文，会比用文言文多出一倍的文字量。在纸张没有发明前，古人在青铜器上铸字，在竹简上刻字，在丝帛上写字，这些书写材料都十分昂贵，而且书写过程也很费劲。所以，古人为了省钱省力，写文章的时候必须惜字如金，文言文这种精简化的用语就体现了它的优势。打个比方，你正在读的这部书总共十余万字，如果用竹简写成，需要近三十斤竹简。如果百万字的长篇小说用竹简写成，大部分人是买不起的。所以，古人用文言文也是为了精简文字控制成本。客观地讲，文言文格式稳定，言简意赅，确实有书面表达优势。

所谓"显摆"，是为了用文言文彰显读书人的身份。东汉改进造纸术后，书写材料便宜了，写字也不那么费劲了，但读书人依旧书写文言文，因为古时能读书识字的人并不多，这样可以形成一种文化圈层，把自己和普通的"吃瓜群众"区分开来。比如，古代普通人想给亲人写信，大多要找读书人帮忙，甚至出现了"代写书信"的职业。在传统儒家时代，使用文言文是读书人的身份象征。直到新文化运动倡导白话文后，这种优越感才逐渐消失。

自汉武帝"罢黜百家，独尊儒术"以来，历代王朝皆以儒家思想治国。儒家经典多是春秋战国时期由文言文写成，所以文言文也就自然成了正统的书面语言。两千年来，不管口语如何发展变化，在国家政治领域和正统教育中行文仍要保持先秦文言文的语法和词汇。

那么，古人也用白话文写文章吗？会的，特别是宋朝之后，随着民众阅读的普及，白话文在书籍文章中的写作数量大大增多。宋朝兴起了一种新的文学形式——"话本"，实际上就是说书艺人表演时使用的底本。这种话本融合了口语和书面语，产生了一种浅近文言体，即白话小说。此后的畅销类小说基本都用白话文了，这样读起来比较贴近真实生活，而且大家都能读得懂，四大名著就是此类小说的代表。今天的初中生读四大名著原文并不难，但读文言体的《史记》就费劲多了。

宋朝之后的白话文和今天差别不大，基本上都能看懂。《传家集》记载过一段宋朝官府审问一个妇女的对话，这妇女砍伤了自己的丈夫，官府的原话是这样说的："是你斫伤本夫？实道来，不打你。"和今人说话相比，只是个别字的说法听起来有些别扭，但不影响理解整句话的意思。

到了清朝,白话文和今天基本无异。作为性情中人的雍正皇帝,给大臣写朱批的时候就时常冒出两句白话文,用这样的方式拉近与大臣的距离。比如:"朕就是这样汉子,就是这样秉性,就是这样皇帝。"他甚至给大臣写过"你好么?"这样今人常用的口语。

尽管古人口语也用白话,但并不代表你穿越回去就能听懂。因为同样的白话,古人的发音和今天不一样。关于此问题,下一篇会详细论述。

28
古人能听懂我们说话吗？

前面讲过，古人日常说话也讲白话。那穿越回古代，我们能不能和古人无障碍交流呢？答案是不能。因为古人即使讲白话，其白话的发音也是古汉语发音，和我们的现代汉语发音大不相同。

根据古汉语学者的研究，古代汉语的发音大致经过三个时期的变化，分别是上古音、中古音和近代音。上古音是指周秦两汉时期的汉语发音；中古音是指隋唐宋时期的汉语发音；近代音是指元明时期的汉语发音（关于古汉语的发音分期，学界存在不同的观点，此处只采用这种较为广泛的说法）。

这三种发音之间的差距非常大，和现代汉语的发音更是天壤之别。比如说同样是"青青子衿"这句话，三个时期的古汉语发音分别是：

上古音（周朝、秦朝、汉朝）：cen cen cilumu kelumu

中古音（隋朝、唐朝、宋朝）：ceng ceng ci ginmu

近代音（元朝、明朝、清朝初年）：cing cing zi gin

读起来是不是有点蒙，有点像外语？为什么古汉语的发音会有这么大的变化？很重要的一个原因就是历史上北方游牧民族不断南迁，他们讲的胡语与中原汉语融合，使得汉语发音发生了重大变化。那种感觉，就像今天外国人说汉语一样，意思也对，但"味道"很不同。古汉语语音的三个历史分期，被两个时间段所连接，这两个时间段，恰恰是北方游牧民族大规模南迁的时代，即南北朝时期和宋元时期。语言学家认为，今天的闽南语、粤语、广东客家话和江浙吴语保留了一些古汉语的发音。因为他们的祖先原是中原汉人，后因战乱等，他们的祖先不断地向南迁徙，也就把中原的古汉语发音带到了南方，经过千百年的世事沧桑，至今还残存着一些。而现今的普通话来自北方方言，上千年的汉胡杂居，发音早就和古代汉语相去甚远了。比如，古汉语发音中有个入声，在今天的普通话四个声调中已经没有了，但是在粤语里依然还有入声。最牛的是闽南语，里面居然还保留着一些上古音，简直是"古汉语的活化石"。这也解释了闽南语为什么那么难学。我小时候听过歌曲《酒干倘卖无》，我就一直纳闷"酒干倘卖无"是什么意思，还以为是酒桌上的口号，意思是

"你干了吗"。后来看了学者的相关研究文章,我才知道"酒干倘卖无"是闽南语"有酒瓶子要卖吗"的意思。原来,这是古代汉语的语法和发音。之所以闽南语能够保留那么多古音,可能与地理因素有较大的关系。

有的人会感到疑惑:古代又没有录音机,你是怎么知道古汉语发音的?其实用不着录音机,用拼音的方式就可以拼出古汉语的发音。古代没有今天的汉语拼音,却有一套类似拼音的文字注音体系,叫"反切法"。简单地说,就是用两个字为一个字注音。一般都会选择两个常用字来反切,前面的字取其声母,后面的字取其韵母和声调。比如"山峰"的"峰",反切法注音为"房生切",取"房"字拼音的声母f,取"生"字拼音的韵母eng和声调,反切出来就是fēng了。

中国人早在两千年前就使用反切法了,今天学者通过隋朝的《切韵》等韵书可以复推出中古音系,但上古音的复推比较麻烦,还要借助亲属语言(比如藏语)的发音规律。但这些都是复推,不可能和古人完全一致。

有的朋友还疑惑:今天用普通话读唐诗还是很押韵,怎么能说中古音和普通话发音不一样呢?这是因为中古音的韵母和今天的韵母变化不太大,特别是平声韵(句尾押韵字为一声或二声)的唐诗,今天读起来依然押韵。但你若读上古音时代的《诗经》,你就会发现不怎么押韵了。

古汉语发音是个很有趣的问题，但要记住：如果想穿越回古代干大事，一定要选择好时代；否则，你穿越回去可能连话都听不懂。穿越有风险，选择须谨慎！

29
中国方言是怎么形成的？

汉语是汉文化的重要载体，汉文化的博大精深在汉语方言的复杂性上体现得淋漓尽致。汉语不同方言间的差异，甚至大过欧洲不同种语言间的差异。比如说，葡萄牙人和西班牙人各自用本国语言是可以交流的，丹麦人、挪威人、瑞典人之间各自用本国语言交流也基本没多大障碍。但我作为一个东北人，听江西同事给家里打电话，基本上就像听外语一样，完全听不懂。好像最难懂的方言是温州话，据说抗战时期，抗日武装部队都会用温州人做情报员传递军情，根本不怕被偷听——因为听也听不懂。

按照现代通俗的分法，现代汉语可以整合划分为七大方言，即官话、粤语、吴语、客家语、闽语、湘语和赣语。每一种方言下面又可分为若干片区（大片区也称次方言）。比如官话又分为北京官话、东北官话、冀鲁官话、胶辽官话、江淮官话、中原官话、兰银官话和西南官话八大片区。其中，北京官话就是普通话的蓝本。同一方言的不同片区之间，差距有大有小。官话的不同片区间的差异就较小，互相之间是可以听懂的。比如我是一个讲东北官话的东北人，去大西北的陕西，能听懂陕西话，因为陕西话属于中原官话；我去大西南的四川，也能听懂四川话，因为四川话属于西南官话。官话之间，除了一些地方性的词汇外，彼此间都能听懂。但有的方言，不同片区间的差异就非常大，差异最大的是闽语。比如同属于福建的福州和厦门都讲闽语，但福州话属于闽东片区，厦门话属于闽南片区，彼此很难听懂。

方言形成的原因是比较复杂的。比如原住民语言的影响、时间流逝引起的自身变化和地理环境的阻隔等，但最重要的因素还是历史上移民带来的语言分化与聚合。比如有一种说法是，秦朝南伐百越，大量军人、官员移民两广，促成了粤语的形成；再比如，北方游牧民族内迁，引起了北方官话语音的变化。所以，每一种方言的形成都有它的历史原因。

有湖北宜昌的朋友就跟我说过，他们在外地说话总被认为是四川人。四川话是西南官话的代表，西南官话是云、贵、川、渝等地的方言，湖北也有一部分地区使用西南官话。为什么湖北人要讲四川话呢？其实大家弄反了，并不是湖北人讲四川话，而是四川人讲湖北话。今天的四川人大部分并不是古代巴蜀人的后代，而是湖北人的后代。明朝时就有大量湖北人移民四川，更大规模的移民则是发生在清朝初年。明末清初，战乱频仍，四川人口急剧减少，所以清初康熙年间，清廷将大量湖北、湖南民众迁去四川充实人口。因为清初两湖地区是湖广省，所以历史上又称此次事件为"湖广填四川"。当时的湖广人讲的是当地的江淮官话，所以移民到四川后就将江淮官话带到了四川，慢慢融合成了今天的西南官话。所以不是湖北话像四川话，而是四川话像湖北话。

四川地处大西南，而官话主要是在北方，为何四川话也属于官话呢？刚才说了，四川话来自明朝的江淮官话，江淮官话的代表则是明朝初期首都所用的南京话。朱棣在靖难之役后将明朝首都从南京迁到了北京，同时将南京话带到了北京，慢慢形成了北京话。所以，四川话和北京话的源头之一都是明朝的南京话，二者都属于官话，四川也成为南方少有的讲官话的地区。只是经历了数百年的演变，四川话和北京话听起来已有差异了，但两地的人彼此听懂是没有问题的。

再比如说，有的南京朋友去云南旅行，感觉云南一些地方的方言和南京话很像。这又是为什么呢？难道云南话也来自南京？还真是！云南最早的原住民并不是汉族人，也不讲汉语。虽然从战国开始就有大量中原人移民云南，但始终未撼动云南原住民人口的主导地位。在语言上，新来的中原移民被当地人同化，慢慢地也就不怎么讲汉语了。这种情况一直持续到明朝初年，朱元璋为了巩固在云南的统治，向云南大量移民。移民来源主要有两类：一类是军队，明朝在云南建立了很多卫、所，相当于军事驻屯区，所以不少军人和军属移民到了云南；另一类就是南京人，朱元璋定都南京后，为了巩固自己的政权，所以就强行将大量南京人移民到云南。今天很多云南人的家谱上就会写着，其祖上来自南京。明朝学者顾炎武就说："初明太祖之下金陵也，患反侧，尽迁其民于云南。"明朝的移民政策改变了云南的人口构成，来自其他地区的汉族移民开始成为云南人口的主体。大家都是移民过来的，若各自用原来的方言，彼此就没法交流了，而南京话使用人数众多，又有政治地位，所以大家就逐渐都用南京话了。到了清朝，又有许多四川和湖广的移民进入云南，新旧移民融合在一起，在南京话的基础上慢慢形成了今天的云南话。明朝的南京话，相当于那个时代的普通话，也是云南话的源头。所以，今天南京人听云南话会倍感亲切。

有的朋友会好奇：中国有这么多方言，古代又不能像今天这样大力推广普通话，那来自不同地区的人交流时岂不是得用翻译？是的，的确有用翻译的，特别是在与普通话差别较大的闽语地区福建。文献记载：清朝时有个叫朱潮远的官员到福建办理一个案子，堂审的时候身边就得有翻译在场，否则真听不懂闽语。一国之内，不同地区的人得用翻译才能听懂对方说话，中华文化的确是太博大精深了！

30 古代有普通话吗?

现代汉语的方言差异性很大,全国有七大方言区,每区之下又有若干方言小片区。汉语方言的差异,源于古人的分片聚居和跨区域移民。经过千百年的传承与演变,形成了今天的方言格局。尽管方言差异大,但好在今天有普通话,否则方言区之间的交流还真得用翻译。那古代也有通行全国的"普通话"吗?

还真有!古代的汉语标准音也称"官话",相当于今天的普通话。但在不同的时期,官话的发音也在发生着变化。

官话至少在周朝时就出现了。分封制下,各个诸侯国相对独立,因此各个诸侯国语言交流也相对封闭,发音差距越来越大,长此以往就形成了地域性的方言。《左传》记载:"卫侯归,效夷言。"卫侯曾被吴国扣留,回国后口音就变了,居然说起了吴国的"夷言"。这说明春秋时期卫国和吴国的方言发音差距很大,一听就不一样。

诸侯国方言各异，但彼此的交流又很密切，特别是在政治上都尊奉周王室为大宗，要定期朝觐，所以大家需要一种各国都能听得懂的方言用作交际，"标准音"应运而生。到底用哪种方言作为标准音呢？这就是一个政治问题了，必须给周王室留点面子，所以标准音便以中原地区河南一带的方言为基础，形成了"雅言"。河南话就成了最早的普通话。

汉朝时，中原地区依旧是文化中心，所以河南话作为标准音的地位在汉朝得以延续。

东晋十六国及南北朝时期，中国陷入数百年的大分裂状态，汉语标准音也发生了分化，形成了北方的"洛阳音"和南方的"金陵音"两支。受游牧民族进入中原的影响，北方的洛阳音发生了一些变化。另外，大量中原汉人南迁，在金陵（今南京）建立了政权，把洛阳音也带到了南方。据史料记载，南方的原住民听到这种北方语音后，瞬间陶醉，盛赞洛阳音"真香"，并掀起了学习热潮。南迁贵族谢安，能用标准的洛阳音读书，被称为"洛下书生咏"，当地人争相模仿。甚至连谢安因鼻炎而特有的鼻音，也都一起学了。但是，语音的影响是双向的，北来的洛阳音也影响到了金陵本地的吴语，从而形成了一种全新的"金陵音"。今天，南京方言和江苏其他地方明显不同，更接近于普通话，这就是受历史上洛阳音影响的延续。

隋唐时期，中国再次实现统一。尽管首都在长安，但文化中心和经济中心则在洛阳，洛阳音依旧是汉语标准音，成为官话。如今去西安旅游，经常会有导游自豪地说"唐朝皇帝都讲陕西话"，一张嘴就是"额们大唐"。其实这是一个误解，唐朝的皇帝、大臣在唐初讲的其实是洛阳音，并非长安音，即使中唐之后长安音逐渐成为官话主流，也不可能是今天的陕西话。唐朝的长安音又称"秦音"，小说《大唐新语》记载了这样一则趣事，武则天当政时期，有个大臣叫侯思止，他读书少且不擅长讲洛阳音。一次在朝堂之上，当他说到"猪"这个字的时候，没有按照洛阳音读"dyo"（音似"雕"），而是发出了秦音"jyu"（音似"诛"），引得满堂大臣一片哄笑。此事说明，说好官话在当时很重要。

一直到宋朝，汉语的标准音中还包含洛阳音，洛阳音延续了近两千年。宋朝之后，北方游牧民族南迁，并出现了元朝和清朝这样的全国性政权。游牧民族本不讲汉语，但成为中原大地的统治者后，他们不得不学习如何讲汉语。其发音"味道"到底如何，可以脑补今天外国人讲汉语的样子。但由于拥有政治优势，统治者所讲的"有味道的汉语"也不可避免地影响着汉语的发音。此外，元明清三朝的首都都在今天的北京，洛阳在中原的"大哥地位"一落千丈，远离政治中心的洛阳音逐渐在历史中谢幕。

元明清三朝的官话是哪一种方言呢？元朝时北京称大都，当时讲幽燕地区（今天的河北北部及辽宁一带）的方言。这种方言再加上点蒙古语的味道,就形成了元朝的官话——大都音。明朝建立后,朱元璋又将官话改回金陵音。可没多久,发生了靖难之役,朱棣上台后迁都北京,金陵音同大都音融合,形成了明朝的北京官话。清朝建立后,建都北京,又在明朝北京官话中融入了满语和东北话的味道,融合形成了清朝的北京官话。到清朝中期,北京官话已通行全国。我们今天讲的普通话,就源于清朝的北京官话。

那么,今天的河南洛阳人讲的方言是古代的洛阳音吗?也不是,今天洛阳人所讲的北方官话,和古代的洛阳音已大不相同。有的学者认为,今天的闽语和客家话保留了许多古汉语发音的特点,因为他们的祖先是两晋南北朝时期南迁的中原人。日语中很多词汇的发音和闽南语很像,"未来""世界"等词与闽语发音几乎一样。这可能是因为唐朝时日本学去了一些汉语词汇发音并沿用至今,而闽语中又保留了许多唐朝汉语发音的成分,所以二者相似度极高。

31
古人如何学普通话？

我当年就读于师范大学，毕业就有教师资格证，但拿证前须通过普通话等级测试。这可苦了那些南方同学，为了说好普通话，他们每天对着录音机练习发音，还拽着我们这些普通话好的东北同学陪他们说话，纠正他们的方言发音。古人，特别是读书人和官员也要学习普通话，即当时的官话。那么古人是如何学习普通话的呢？

首先，官方会编订和发行汉语标准音的书籍，这种书籍在古代被称为"韵书"，是常用的工具书，相当于那个时代的《新华字典》或《汉语词典》。历史上影响最大的韵书是隋朝陆法言主持编纂的《切韵》，但现已亡佚。宋人在其基础上编撰的《广韵》，是现存最重要的一部韵书。韵书用反切法为汉字注音，类似今天的汉语拼音。韵书编订后，其规定的读音就成了当朝汉语语音的国家标准，官方会以各种方式予以推广普及。

其次，古代的学校教育都会尽量使用官话教学，对读书人推广普通话。唐宋以来的科举考试，文章押韵皆以韵书为准，强化标准音的权威性。比如明朝官方韵书《洪武正韵》，还有后来清朝康熙年间编纂的《佩文诗韵》。《佩文诗韵》还是清朝科举考试的官方指定韵书，押韵和用典都要从这本书里找依据。会讲官话是古代读书人的必备技能，也是识别知识分子的重要标志。

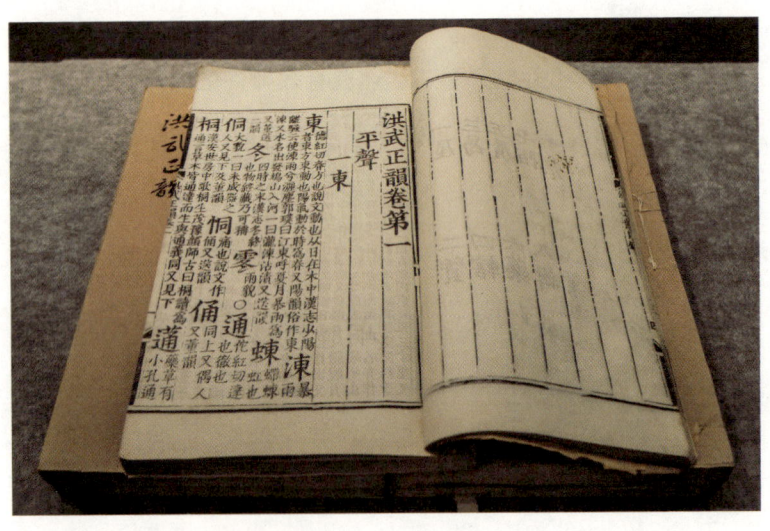

△ 明朝官方韵书《洪武正韵》

最后，统治者会要求官员阶层熟练掌握官话，以此作为官员能否胜任的标准。清朝时，官员必须会说北京官话，特别是那些想当大官的。因为你将来可能会面见皇上汇报工作，如果你操着一口方言，皇上听不懂啊！虽说清朝皇帝文化水平较高，能说满、汉、蒙等多种语言，但面对中国庞杂的方言体系，他们也实在招架不住。

尽管古代读书人自幼学习官话，但有些地区的方言和官话差距太大，即便学了官话，讲出来也不是那个味。清朝时，皇上对于广东人和福建人的口音最吃不消，因为完全听不懂。雍正皇帝特意为此下发过谕旨，大意是说：每次引见臣子，只有福建、广东两省的人仍然操着乡音，说的话让人听不明白。这些人已经通过了科举考试和吏部培训，但是在大殿之上说话依旧说不清楚，这要是去别的省赴任怎么能做好父母官呢？这可不仅仅是我听不懂的问题，而是百姓听不懂的重要问题！

雍正皇帝对官员学习官话高度重视，将其重要性上升到治国安民的政治高度，地方政府自然不敢怠慢。广东、福建两地各级官府迅速落实整改工作，掀起了一场大清朝的"学习官话运动"。为了帮助读书人和官员群体学习官话，各地政府纷纷办起了"官话培训班"，名为"正音书院"。福建开办了一百一十二所，广东估计有上千所。书院多用当地驻防旗人任教，招收当地举人和秀才学习。为了推广官话，清廷甚至规定了学成年限，以八年为限，如果学不好，学员将会被暂停科举考试资格。

除了学校和培训班教授官话外，古人还可以请家教学习，这种方式学习的速度较快。清朝有很多专门以教授官话为职业的老师，被称为"官话师"，类似于今天的"普通话培训师"。广东地区的官话师多来自广西桂林。这是因为桂林人多是明朝时从外地移民过来的，而移民大多擅长讲官话。桂林人讲的是西南官话，虽然跟北京官话比还是有一点差距，但比起广东人讲的官话已经好很多了。

通过上述方式，古代的读书人和官员群体都能在一定程度上使用普通话。但是，对于人数众多的普通百姓，讲普通话还是太难了。由于清朝有官员任职的回避制度，官员不能在本乡任职，所以地方官一般不懂本地方言，这就极易造成官民间的沟通障碍。这时候就只能用翻译了。是的，你没听错！同是汉语，不同的方言之间需要用翻译来沟通。《六字课斋卑议》就记载宋恕曾提的一个建议："所有土话与官话歧异县分，知县到任，着延方言师一人。"这里的"方言师"就是翻译。然而，用翻译只能是权宜之计，为了更好地深入群众，还是要"每日从学土话二点钟，成而止"。地方官必须学会本地的方言，对于那些在广东和福建任职的父母官，真心有点吃不消啊！

32 古人如何学外语？

全球化的今天，说外语在中国已经司空见惯。在国际化大都市上海，甚至有专门面向中国人的英语脱口秀表演，场面很是热闹。中国古代对外交往频繁，民族关系密切，使用外语和少数民族语言的情况肯定也不少。那么，古代有外语翻译吗？古人又是如何学外语的呢？

古代并没有清晰的"外国"概念，普天之下，除了天朝，皆是番邦蛮夷。因此，古代的"外语"，既包括我们今天理解的外国语言，也包括少数民族语言。《礼记·王制》中称翻译北方少数民族语言为"译"，这是翻译一词最初的概念。先秦的翻译人才被称为"舌人"，以舌头谋生，这个名字倒是形象。

在外交事务和民族交往中，官方翻译必不可少。否则，朝堂之上一个比画一个猜，这也太有失天朝风度了。唐朝的官方翻译被称为"译官"或"译语人"。在中央,中书省和鸿胪寺负责外交事务,设有二三十名译语人;地方上,边疆的官府也设有翻译。唐朝社会比较开放且自信,政府多直接使用胡人做翻译。胡人一般能掌握多种语言,天生就是当翻译的料。比如安禄山,《旧唐书》说他"解六蕃语,为互市牙郎",是干外贸翻译兼中介起家的。现存文献可考的唐朝"中书译语"共有三人,全都是胡人。

受到安史之乱的影响,中原王朝对胡人的信任度降低。后世政府不再直接用胡人当翻译,而是自己专门培养翻译人才。宋朝时,朝廷起用辽、金境内的归顺者进行外语教学。北宋有"国信所",负责与辽国的外交事务,也负责培养翻译人才,总共有三十二名翻译。明朝设立"四夷馆",负责四夷往来文书的翻译,并在此教习外语。内分八馆,相当于八个外语专业。清朝沿袭了这一制度,只是将"四夷馆"改称"四译馆",更加体现出外语教学与翻译的职能。

古代还有很多僧人兼职做翻译,因为他们要翻译佛经。唐朝是佛经翻译的鼎盛时期,代表人物是僧人玄奘。他从天竺取回梵文佛经后,到高宗时期永徽改元后"专务翻译,无弃寸阴"。他用十九年时间,翻译出了一千三百万字的佛经。这么大的工程量,一个人是不可能完成的,玄奘依托的是翻译机构"译场",相当于当时的"外国语学院"。这里不仅翻译佛经,还教授外语。贞观年间,译场的人员编制达到了六百人。宋朝时,译场改称"译经院",设在都城汴京。当时还出现了"外教",有印度僧人专门主持梵文教学。宋朝的外语教育也注意从娃娃抓起,宋太宗曾特意选拔五十名机灵的幼童送入译经院学习。

从东汉到唐宋时期的佛经翻译,是中国翻译史上的第一次翻译高潮。第二次翻译高潮出现在明末清初,翻译的是西方自然科学著作,如徐光启与传教士利玛窦合译《几何原本》。第三次翻译高潮则是清末民初,这时人们不仅翻译自然科学文献,还翻译社会科学文献,如启蒙思想著作。第四次翻译高潮在改革开放之后,各种国外学术著作和小说被翻译成中文。这几次翻译高潮,开阔了国人的眼界,为中华文明注入了新的活力,极大地推动了社会进步。

△ 向乾隆皇帝朝贡的外国使团(出自《万国来朝图》)

除了官方翻译外，古代也有大量的民间翻译。他们多是边境地区的边民，或者是从事外贸生意的商人。边民与胡人杂居，从小在双语环境中长大，自小就会说外语。外贸商人经常与外族打交道，外语也是必备的职业技能。南宋商人陈惟安，常年在占城（今越南）做贸易，精通占城语。当占城使团出使南宋时，还聘请他做使团的翻译。当然，这得到了南宋朝廷的批准。

明朝中后期开始，中国走向闭关自守，学习外语的风潮也沉寂下来。这一时期，很多西方传教士来华，士大夫阶层和他们多有接触，偶尔倒是能学到一些外语。清朝时，出于国家安全的考虑，严禁中国人教授外国人汉语。如有发现，中国老师将会受到严惩，甚至有生命危险！这绝非危言耸听。嘉庆年间，英国人马礼逊在广州学习汉语，他的汉语老师是中国人，教学时就随身带着毒药，一旦被官府抓捕就准备自杀。

鸦片战争后，中国被迫打开了国门，开始融入世界。那时，外国人云集的通商口岸出现了中国最早的英语学习热，上海的"洋泾浜英语"就是在这一背景下产生。洋泾浜本是上海英法租界内的一条界河，后来代指租界。洋泾浜英语的发音都带有汉语口音，语法也不太标准，听起来怪怪的。

古代没有音标，如何识读外语单词的发音呢？一定有人用过这样一个土办法：用汉字音译为外语单词注音。其实，这种土办法古人也用，而且用了上千年。比如"南无阿弥陀佛"一句，本是梵语"Namas Amitabha"的汉字音译，原意为"皈依无量寿佛"。明朝的《华夷译语》，就是一部用汉字为蒙古语单词注音的词典。清末的《洋泾浜英语手册》中，还用汉语顺口溜来教授英语句子发音，内容十分诙谐。比如清晨见面"谷猫迎"（good morning），"好度由途"（how do you do）叙别情，一元洋钿"温得拉"（one dollar），自家兄弟"勃拉茶"（brother）。古人学英语的招儿还真不少！不要小看这些土味英语，这可是当时最时髦的。

33
古人如何取名字？

一说到古人的名字，很多人都会蒙。尤其是在《三国演义》里，人物之间一会儿称其名，一会儿呼其字。古人的姓、氏、名、字、号都有什么区别？称呼的时候又该注意什么呢？接下来我们就详细讲讲。

今天我们说的姓氏，在古代其实是两样东西，一个是姓，一个是氏。最先有的是姓，《通鉴外纪》解释说："姓者，统其祖考之所自出。"意思是说，姓是为了统一大家共同的祖宗而创立，实质上就是一个部落族群的族号。原始社会就已经有代表族号的姓了，一般取之于地名。早期人类都会住在河边，所以多用江河名为姓。比如说黄帝姓姬，是因为住在姬水附近。炎帝姓姜，是因为住在姜水附近。

另外，原始社会早期是母系氏族，在当时的婚姻制度下，孩子只知道母亲是谁，不知道父亲是谁。所以，最古老的姓里面都带有女字旁或女字底，上古八大姓"姬、姜、姒、嬴、妘、妫、姚、姞（一说为妊）"皆是如此。姓代表一个人的血统，所以古代同姓的人是不能通婚的。

到了父系氏族后，生产力水平提高，人口迅速增加。这时，原始部落无法承载所有人口，有的人就从部落分出去独立门户。为了给子孙后代区别独立出来的家门，就产生了氏。《通鉴外纪》解释道："氏者，别其子孙之所自分。"意思是说：氏是为了让子孙后代有各自的区别而创立，实质上是一个支脉的代号。那时能独立门户出去的，多是部落里有实力的人物，所以有氏的，一般都是贵族，否则也不好意思给子孙后代起代表家门的氏。平民、奴隶和女人一般是没有氏的，他们只称姓。我们可以这样简单理解：一个老祖宗的所有子孙都有一个共同的姓，哪个子孙发达了就出去自立家门，为了和其他子孙区分，可以再给自己创个氏。

先秦时的贵族男子，一般只称氏而不称姓。因为姓是一个血统共用的，高低人等都有，而氏更能体现其高贵身份。在《史记》中，司马迁称秦始皇为赵政，很少称其嬴政，因为嬴是他的姓，而赵是他的氏。司马迁的称法，较符合当时的真实情况。嬴政为啥以赵为氏呢？因为秦始皇当年在赵国出生，故以赵为氏。

到了秦汉时期，分封制消亡，姓氏所依托的制度根基没有了，人们也就不再区分姓与氏了。今天我们说的姓氏，绝大多数情况下仅是最初的氏，而并不含姓。

今天我们说的名字，在古代也是两样东西，一个是名，一个是字，其区别在于"幼名冠字"。所谓"幼名"，意思是说名是幼年用的。《礼记·丧服》说："子生三月，则父名之。"意思是说孩子出生三个月后，父亲就要给孩子取名了。有时候，爷爷奶奶等长辈也可以给孩子取名，比如唐朝政治人物李百药，就是因为小时候孱弱多病总吃药，他奶奶就给他取名叫"百药"，希望能够调和八字，身体健康。如果家人文化水平不高，父亲也会请有文化的朋友或学堂老师来给孩子取名。如果实在找不到，那就用最简单的事物给孩子取名，比如数字。明朝开国皇帝朱元璋，本名叫朱重八，他的爸爸叫朱五四，爷爷叫朱初一，太爷爷叫朱四九，高祖父则叫朱百六，全家几代人的名都是数字编号。这些数字名，或来源于出生日期，或来源于家族排行，或来源于父母年龄之和。这些数字名虽然听起来奇怪与草率，却也陪伴了古代穷人的一生。

所谓"冠字"，意思是说字是成年后才有的。冠在古代是成年的意思，古代男子二十岁行冠礼，民间也有十五岁行冠礼的，行了冠礼就代表这个人成年了。成年了就得取个供平辈叫的称呼，这就是字。一般来说，字和名的含义是相互关联的。比如诸葛亮，字孔明，"亮"和"孔明"的意思接近。比如周瑜，字公瑾，瑜和瑾都是美玉。再比如孔子的学生端木赐，字子贡，上级给下级叫作"赐"，下级给上级叫作"贡"，赐和贡互为反义关联。

尽管名和字都是古人的代号，但称呼起来是非常有讲究的。除了长辈，别人都只称你的字。《岳阳楼记》里，范仲淹写的是"滕子京谪守巴陵郡"，子京就是字，他的原名是宗谅。平辈之间直呼名是非常无礼的行为，所以古人骂人时才会"指名道姓"。但臣下自称的时候，一般会用自己的名，表示恭敬和谦卑。所以，李密在《陈情表》中的第一句就是"臣密言"，而不是"臣令伯言"，这就是自称名以表示恭敬。

至于号，则大多是文人给自己取的雅号。"东坡居士"就是苏轼的号，所以世人也称其为"苏东坡"。有时候号被使用习惯了，人们都忘记了他原有的名字，比如郑板桥，"板桥"就是号，"燮"才是名，今人多知道郑板桥，而不知郑燮。古人还会根据自己居住地的特征取号，比如苏轼号"东坡居士"，是因为他被贬黄州，所居地东边有一块种菜的空地。所以自号"东坡"。陶渊明号"五柳先生"，因为他家门前有五棵柳树。至于欧阳修号"六一居士"，并不是因为爱过六一儿童节，而是代表"藏书一万卷，集录三代以来金石遗文一千卷，有琴一张，有棋一局，而常置酒一壶"，再加上欧阳修本人，合为"六一"，是为"六一居士"。

34 古代皇帝有哪些称号？

今天，人们在称呼古代皇帝的时候，一般不直呼其名，而是称呼其某种称号。有的称呼谥号，比如汉武帝、隋炀帝；有的称呼庙号，如唐太宗、宋太祖；有的则称呼其在位时年号，比如万历皇帝、康熙皇帝。谥号、庙号、年号有什么区别呢？称呼的时候又有什么讲究呢？

谥号，是皇帝死后，朝廷根据其一生的功过是非和品行作为而评定的一个特殊名号，起"盖棺论定"的作用。谥号制度至少在周朝就有了，是封建礼制的一部分。不仅皇帝有谥号，后妃、诸侯也有谥号。文武百官也可以有谥号，但必须得到一定的级别，比如宋制是三品以上官员才有资格获得谥号。谥号由朝廷议定，有一套专门的评定法则，称为"谥法"。皇帝的谥号有好的也有坏的，也有不好不坏的。

好的谥号取褒奖之意，称为"美谥"，如庄、武、文、宣、襄、明、睿、康、景、懿等。《逸周书·谥法解》对其中几个美谥给出了评定标准，如"经纬天地曰文，成其道也……克定祸乱曰武，以兵征，故解也……照临四方曰明，以明照之……由义而济曰景，用义而成也……圣善周闻曰宣，闻，谓所闻善事也"。

坏的谥号称为"恶谥"，有贬斥之意，如厉、幽、灵、炀等。最初并没有恶谥，开恶谥先河的是西周的周厉王。周厉王暴虐无道，垄断国家的山林川泽之利，还不允许民众讨论，打击言论自由，所谓"防民之口，甚于防川"。后来，周厉王的统治被推翻，并且死后获得恶谥"厉"，意思是杀戮无辜。历史上，最有名的恶谥当数隋炀帝了，谥号"炀"的解释为"去礼远众曰炀。内好多淫，外则荒政"，意思是不尊礼制，众叛亲离。谥号是皇帝死后由继任者主持评定的，一般是死去皇帝的儿子。儿子给父皇上谥号都会扬长避短，一般不会给恶谥。所以，历史上获得恶谥的皇帝，大多是亡国之君。

也有的谥号不好不坏，只是表示某种客观的感情，称为"平谥"，如怀、悼、哀、闵、思、殇等。汉哀帝二十五岁英年早逝，后世给他上的谥号为"哀"，"恭仁短折曰哀。体恭质仁，功未施也"，表示一种同情。汉冲帝两岁即位，在位仅四个月就夭折了，故以"幼少在位曰冲"为其谥号。再比如晋愍帝，西晋的末代皇帝，亡国后受尽屈辱，最后被杀害，年仅十八岁。后世给他上谥号

"愍",取"在国运忧曰愍"之意,也是表示同情。

皇帝的第二种常见称号是庙号,起源于重视祭祀的商朝。皇帝(天子)死后,后人都会给他建立一个家庙来供奉他的牌位。时间长了,死去的皇帝多了,立的庙也就多了,后世祭祀起来就会非常麻烦。于是,古人就想了一个偷懒的办法:皇帝死后还得立庙,但祭祀一段时间后就会把庙拆掉,把牌位集中放到太庙里统一祭祀。这相当于把"独立户口"变成"集体户口"了,这样统一祭祀就非常方便了。但是,如果皇帝对江山社稷有特殊功劳,他的庙就不能拆掉,而要永久单独祭祀,相当于设立纪念馆。这个永久性的庙,就要有一个庙号。所以,庙号在最初的时候,并不是每个皇帝都能拥有,得有大功劳才行。西汉十五位皇帝,只有汉高祖、汉文帝、汉武帝、汉宣帝四位皇帝有庙号,其他皇帝没资格。

庙号都叫某祖或某宗,一般来说,打江山的称祖,坐江山的称宗。所以,称祖的多是开国皇帝,比如唐高祖、宋太祖、明太祖。太祖和高祖也有区别,一般来说,白手起家打江山的称太祖。比如朱元璋,从要饭和尚逆袭为开国皇帝,妥妥的白手起家,故而称明太祖。依靠祖上的地位顺势称帝的,就会被称为高祖。比如李渊,祖上是贵族,他以唐国公的身份打江山,站在了前人的肩膀上,所以称他为唐高祖。有的朋友会疑惑了:那刘邦以农村"小混混"出身当了皇帝,也是白手起家,为啥他是汉高祖呢?实际上,刘邦的庙号不是高祖,而是太祖,高是刘邦的谥号。汉初采用庙号加谥号的方式称呼刘邦为"太祖高皇帝",但司马迁写《史记》的时候将太祖高皇帝简化为"高祖",导致后世很多人误以为刘邦是汉高祖。

皇帝的第三种常见称号是年号。年号是皇帝在位时用于纪年的名号,其出现的时间要比谥号和庙号晚得多。我国历史上第一个皇帝年号,是汉武帝使用的"建元"。最初,一个皇帝可以使用多个年号,心血来潮或者国家有大事发生时,都可以改个年号纪念一下,称之为"改元"。比如汉武帝狩猎时猎获了一只一角兽,便将年号改为了"元狩"。汉武帝前后使用过十一个年号。最猛的是女皇武则天,在位十六年,换了十四个年号。到了明清时期,皇帝的年号固定了下来,一般一个皇帝只用一个年号,即"一世一元"原则。

皇帝有这么多称号,到底该用哪个称呼呢?这其中有一套历史形成的规矩。

唐朝以前,人们一般以谥号称呼皇帝。如汉武帝、汉明帝、晋武帝,这些都是谥号。为啥不用庙号称呼呢?因为那时并不是所有的皇帝都有庙号,所以没办法用庙号来称呼皇帝。为啥不用年号称呼呢?前面讲了,因为年号太泛滥,像汉武帝用过十一个年号,你不知道该用哪个称呼他。所以,大家都用谥号称呼皇帝。那时候皇帝的谥号就一个字,也比较有区分度。

唐朝之后的皇帝,人们就不再用谥号称呼了,因为谥号的字数太多了。唐朝开始，后人越来越能给皇帝拍马屁，谥号字数逐渐增多。如唐高祖李渊的谥号为"神尧大圣大光孝皇帝"，其子唐太宗的谥号为"文武大圣大广孝皇帝"。到清朝时，谥号字数更多，有二十多个字，称呼起来就像是念课文，大家根本记不住。所以，从唐朝皇帝开始，大家不再用谥号称呼了。那用啥呢？皇帝的庙号已在此时普及，而且每个皇帝只有一个庙号，大家就改用庙号称呼皇帝了，如唐太宗、宋太祖、宋仁宗等。等到明清两朝，皇帝通常一世只用一个年号，年号成了皇帝最明显的、最具代表性的代号，所以后人多用年号称呼明清两朝的皇帝。

综上所述，唐朝之前的皇帝用谥号称呼，唐朝到明朝的皇帝用庙号称呼，明清两朝的皇帝用年号称呼。朋友们记住了吗？

35 古人如何计算年份？

古人很早就意识到日子不能稀里糊涂过，特别是年份，要有先行后续的概念，以便我们"知远近，较长短"，于是各种纪年方法就应运而生。纪年的关键，在于确定一个起始年份，然后累计。古代中国是纪年方法最丰富的国家，那么都有哪些纪年方法呢？

比较早的是"王位纪年法"，即以君主即位那年为纪年起始，累计纪年，又叫"君王即位年次纪年法"。这种纪年方法多见于周朝，周王室以周王即位年次纪年，各诸侯国也用自己君主的即位年次纪年。比如《左传》中的《曹刿论战》，开头第一句就是"十年春，齐师伐我"，这里的"十年"指的是鲁庄公十年（前684年）。《左传》是一部为《春秋》作注解的史书，而《春秋》是鲁国的史书，所以《左传》里的纪年都是以鲁国君主的即位年次纪年的。

中国历史上最早有明确记载的纪年年份是"共和元年"。这就是王位纪年法。共和元年是公元前841年，那一年周厉王因统治无道被赶下了台，据说共伯和摄政，代行天子事，于是那一年就纪年为"共和元年"。王位纪年法第一次被记载，居然是在一个君主被赶下台的年份，这实在颇具讽刺意味。从共和元年起，中国历史的记载就从来没有中断过，尽管纪年方法有很多种，但历史一年接着一年地被记载下来，直到今天。近三千年的历史记载，一年也未曾中断，这是我们中华文明的骄傲！

古代最常用的纪年方法是"皇帝年号纪年法"。它与王位纪年法的区别在于：每个皇帝都有一个专门用于纪年的年号，以年号启用那年为开始，累计纪年。这种纪年方法始于汉武帝建元元年，即公元前140年。开始的时候，一个皇帝在位期间并非只有一个年号，用几年可能就换一个年号，这叫"改元"。老皇帝死了，新皇帝即位，又会启用新的年号，这也是"改元"。如果是王朝的第一位皇帝，改朝换代后建立的第一个年号，就叫"建元"。古代发生重大意义的事件时就会改元，以示纪念。比如汉武帝的"元狩"年号，是因为汉武帝在狩猎时获得了一只奇珍异兽，所以改元。卫青和霍去病北击匈奴大获全胜，这件事就发生在元狩四年，即公元前119年。

历史上使用年号数量最多的是女皇帝武则天，共计十八个。生活在武则天时代的人，真心不容易，有可能活着活着就忘记自己生活在哪一年了。明清两朝的皇帝，多是一人一个年号，所以后世多以年号称呼明清时期的皇帝，比如永乐皇帝、康熙皇帝等。年号的使用，还代表着正统与认同。清朝康熙年间，江南文人编纂《明史》，书中有些地方不用清朝年号而用了南明年号，康熙皇帝因此震怒，处决了七十多人。

年号纪年法对东亚文化圈内其他国家的影响也很大，古代的朝鲜、日本、越南也有自己的年号纪年。从唐朝开始，日本学习了中国的年号制度，至今沿用了一千多年，共使用了二百四十八个年号。本书初版的2019年，是日本平成三十一年。日本选年号多从中国古典文献找出处，最爱用的是《尚书》和《周易》。就在我写这本书期间，日本公布了新天皇的年号"令和"，这个年号打破了一千多年来日本从中国古典文献找出处的习惯，是第一个从日本古典文献《万叶集》中找出来的年号。

今天我们中国仍在使用一种古代纪年法——"干支纪年法"。干支纪年法是利用"十天干"和"十二地支"的排列组合来排序纪年，又名"天干地支纪年法"。相传，天干和地支创立于黄帝时，最初用于祭祀与占卜。天干地支纪年法使用的时候，先用第一个天干与第一个地支组合为第一个天干地支纪年，再用第二个天干与第二个地支组合为第二个天干地支纪年，以此顺次排列。当天干顺次排完十次后，则再用第一个天干与第十一个地支组合。以此类推进行排列组合。天干有十个，地支有十二个，十与十二的最小公倍数是六十，所以每六十年天干地支就会轮回一遍。因为每个轮回中的第一个年份都是甲子年，所以古代又将六十年称为一"甲子"。

1	2	3	4	5	6	7	8	9	10
jiǎ	yǐ	bǐng	dīng	wù	jǐ	gēng	xīn	rén	guǐ
甲	乙	丙	丁	戊	己	庚	辛	壬	癸

△ 十天干

1	2	3	4	5	6	7	8	9	10	11	12
zǐ	chǒu	yín	mǎo	chén	sì	wǔ	wèi	shēn	yǒu	xū	hài
子	丑	寅	卯	辰	巳	午	未	申	酉	戌	亥

△ 十二地支

1	2	3	4	5	6	7	8	9	10
甲子	乙丑	丙寅	丁卯	戊辰	己巳	庚午	辛未	壬申	癸酉
11	12	13	14	15	16	17	18	19	20
甲戌	乙亥	丙子	丁丑	戊寅	己卯	庚辰	辛巳	壬午	癸未
21	22	23	24	25	26	27	28	29	30
甲申	乙酉	丙戌	丁亥	戊子	己丑	庚寅	辛卯	壬辰	癸巳
31	32	33	34	35	36	37	38	39	40
甲午	乙未	丙申	丁酉	戊戌	己亥	庚子	辛丑	壬寅	癸卯
41	42	43	44	45	46	47	48	49	50
甲辰	乙巳	丙午	丁未	戊申	己酉	庚戌	辛亥	壬子	癸丑
51	52	53	54	55	56	57	58	59	60
甲寅	乙卯	丙辰	丁巳	戊午	己未	庚申	辛酉	壬戌	癸亥

△ 六十甲子（干支表）

古人在记录历史大事件时，有的会以年号命名。比如北宋范仲淹的庆历新政，庆历就是宋仁宗的年号。岳飞《满江红》里写的"靖康耻"，靖康就是北宋最后一个皇帝宋钦宗的年号。用年号纪年的好处是可以迅速知道大致时间段，但确定不了具体时间点。而干支纪年能够确定时间点，所以很多大事件都以干支纪年命名。比如甲午战争，1894年是甲午年；戊戌变法，1898年是戊戌年。但干支纪年六十年一轮回，对于时间久远的事，就可能会弄混。所以古人也会将年号纪年与干支纪年组合使用，年号在前，干支在后，这样纪年就能更加准确无误。比如《核舟记》中的"天启壬戌秋日"就是这种组合纪年法。

古代其实还有一种"大事件纪年法"，以大人物出生的年份或大事件发生的年份为纪年起始。比如黄帝纪年，即以黄帝创制历法那年为纪年元年。辛亥革命时，就曾以公元前2698年为黄帝纪年元年，使用了一段时间的黄帝纪年，随后被公元纪年取代。民国时期还用过民国纪年，就是以民国建立那年为元年，这也属大事件纪年法的一种。

36 古人过元旦吗？

网上经常会有这样一种现象：每当学者或科普博主讲述古人过元旦之事时，下面就会有许多留言表示质疑或嘲讽。他们说："元旦就是公历的1月1日，中国古代又不用公历，怎么可能过元旦呢？"其实，中国古人还真的过元旦！

"元"，意为开始、第一；"旦"，意为早晨。元旦，就是新年第一天的意思。中国人过元旦，已经有三千多年的历史了，只是最初不叫元旦，而叫元正、元日、元辰等。文献记载中，"元旦"一词第一次出现是在唐代的《晋书》中。但是，古代的元旦和今天的元旦并不是同一天，因为古代的历法与今天不同。

中国古代使用农历，就是今天老百姓普遍说的"阴历"。实际上，阴历的叫法并不严谨。确切地说，农历不是阴历，而是一种"阴阳历"。阴历和阳历是两种历法类型。所谓历法，就是人们计算日子的方法。古人制定历法，以观测天象为参照，因为天象的运行周期比较规律。古人抬头就能看见的天象，一个是太阳，另一个是月亮。人类常见的两种历法，以观测太阳运动为基础的叫作阳历，以观测月亮运动为基础的叫作阴历。

阴历又叫太阴历，是以月亮绕地球的运行周期为基础。月亮经历一个圆缺晦明周期就是一个月，又叫朔望月。一个朔望月的精确时间为二十九天十二小时四十四分三秒。阴历将十二个朔望月定为一年，所以阴历一年是三百五十四天多一点。阳历又叫太阳历，是以地球绕太阳的运行周期为基础。地球绕太阳公转一周，即一个春夏秋冬轮回是一年，又叫一个回归年。一个回归年的精确时间为三百六十五天五小时四十八分四十六秒。阳历将一年划分成十二个月，一个月在三十天左右。

简单说，阴历以月亮为参照，先有月，以月定年；阳历以太阳为参照，先有年，以年定月。早期人类文明大多采用阴历，比如古埃及、古巴比伦、古印度、古希腊、古罗马。因为月亮比较容易观测，三十天左右就能观测一个轮回。不像太阳，三百六十五天才能观测一个轮回。心疼古代那些阳历的制定者，一年不用干别的，就观测太阳了。中国古代最初也用阴历。但阴历有一个问题：十二个朔望月约是三百五十四天，比一个回归年的三百六十五天少了十一天。这样的话，每过一个阴历年，时间就会比阳历年提前十一天。而阳历年能够准确反映春夏秋冬变化，阴历的日子和季节就会对应不上。打个比方，假如今年阴历的六月初一是夏天，过了十年后，六月初一就会比阳历提前一百一十天左右，六月初一就快到冬天了。所以，用阴历不能反映春夏秋冬，更无法指导农业生产，这对我们的农耕文明很不友好。不过，这难不倒聪明的中国古人。他们将阴历与阳历相结合，制成了一种"阴阳历"，这就是我们常说的农历。农历用阴历确定月，也用阳历确定年，二者差的天数通过设置闰月的方式补齐。比如，我们今天看农历时就会出现"闰四月"的情况，也就是在过完了四月后再过一个闰四月。这个临时加入的闰四月，就是为了凑齐阴历与阳历差的天数。

中国历朝历代，有很多版本的历法，但其原理基本一致，都是阴阳合历，也都属于农历的范畴。现行农历沿用了明朝的《崇祯历书》、清朝的《时宪历》等历书。结合了阴历和阳历优点的农历，能够有效指导农业生产。但是，古代并没有"农历"的说法，一般称呼为"夏历"，因为相传是夏朝开始出现的。直到1970年，"农历"的名称才出现。

我们再回到元旦的问题，中国古代使用农历，元旦就是依据农历确定，即农历新年第一天为元旦。秦朝时的农历，将十月定为一年首月，所以十月初一是元旦。汉武帝时，使用新的农历，将正月定为首月，正月初一就是元旦。此后的两千年，我们的元旦实际上就是农历的大年初一。

1912年中华民国建立，我国改用公历，此后，公历1月1日成为元旦，沿用至今。公历是西方历法，由罗马教皇于1582年颁行，所以又叫西历或西元。有首歌叫《爱在西元前》，就是"爱在公元前"的意思。公历是阳历的一种，纪年方式上以传说中耶稣诞生那年为元年，累计计算。耶稣诞生前就是公元前。公元2024年，就是耶稣诞生后的第2024年。

因为公历是西方历法，所以公历与中国传统的生肖不挂钩。有的朋友在2024年元旦发祝福说龙年快乐，那真是日子过糊涂了。习惯上，我们把农历的大年初一看作生肖年的开始。

37 古人如何看时间？

前两篇讲了古人计算年份的纪年法和年月日的历法。那在一天之中，古人又是如何看时间的呢？

在钟表还没有普及前，古人是通过钟鼓楼来知晓时间的。早在汉朝，我国就有了钟鼓楼报时制度。早期的钟鼓楼设在皇宫内，只为皇家服务。唐朝的钟鼓楼，早晨敲钟报时，晚上敲鼓报时，"晨钟暮鼓"的说法就是这么来的。

唐朝长安城实行宵禁制度，晚上不许出来瞎逛。所以，主要街道上都设立了街鼓，跟随着钟鼓楼报时，以便全城都能知道宵禁的开始时间。街鼓设置处，有专门负责报时的人。因为古人认为鸡的时间观念最强，所以这个报时的人被称为"鸡人"。鸡人以钟鼓为号，同时还要唱歌。每天黄昏，鸡人要敲暮鼓。暮鼓的信号很重要，敲完了，所有人都不许出来上主街了，否则就会挨揍。所以如果你穿越回唐朝，一定要赶在白天，否则小命不保。这不是危言耸听，唐朝真的有因为喝醉酒犯宵禁而被杖杀的例子。

如果穿越回了宋朝，你就不用担心了，因为宋朝没有宵禁。宋朝的城市生活空前繁荣，宋人多是"夜猫子"。夜猫子们夜晚也需要知道春宵几何，所以晚上也得报时。宋朝依旧有钟鼓楼和鸡人，而且报时更加精细，每个时辰都要击鼓十五下报时，正午则要击鼓一百五十下。为了防止街道小巷里的居民听不见报时，宋朝还有走街串巷的报时员，一般都是寺庙的僧人。每日五更时分，也就是早晨三点到五点，僧人们就会拿着铁牌子或木鱼，走街串巷，边走边敲。最初，僧人报时的目的是提醒大家早起礼佛念经。由于报时非常准确，久而久之，他们就成了职业报时者。到了南宋，报时僧人们不仅报时，还顺便报天气，比如"天色晴明""天色阴晦""雨"等，非常贴心。

古代有专门的报时设施和报时人，那他们又是如何知道时间的呢？古人最早是通过观测太阳来测时的，比如测时仪器"日晷"，就是利用太阳投射影子的长短和方向来测算时间。古人把时间称为光阴，所谓"一寸光阴"，原意就是日晷上一寸影子的意思。日晷把一昼夜划分为十二个时辰，一个时辰是两小时。日晷最小的刻度合今天的十五分钟，所以古人管十五分钟叫一刻或一刻钟。在古代，一天是十二个时辰，一个时辰是八刻钟。

△ 日晷　　　　　　　　　　　△ 铜壶滴漏

子时	丑时	寅时	卯时	辰时	巳时
23:00—00:59	01:00—02:59	03:00—04:59	05:00—06:59	07:00—08:59	09:00—10:59
午时	未时	申时	酉时	戌时	亥时
11:00—12:59	13:00—14:59	15:00—16:59	17:00—18:59	19:00—20:59	21:00—22:59

△ 二十四小时和十二时辰对照表

日晷在阴天和晚上就没用了，所以古人又发明了不受天气影响的计时器——漏刻，也称"水钟"。漏刻是往铜壶里装入一定量的水，让它慢慢漏出，通过漏出水的量来确定时间，又叫"铜壶滴漏"。早期的漏刻有一个严重缺陷，由于水位高低不同产生的压力差，会出现"水位高时漏得快，水位低时漏得慢"的现象，这样计算的时间就会有较大误差。到了东汉，科学家张衡改进了漏刻，将其设计成二级漏壶，即增加一个漏壶，让水的高度差变小，流得更匀速，减小了时间计算的误差。后世沿用了这种方法，在宋元时期还出现了更为精确的四级漏壶。

古代还有种更简便的计时工具——燃香，古人也称之为"火钟"。所谓"一炷香的工夫"，就是从燃香计时来的。古代有专门用来计时的燃香，称为"更香"，"更"的原意即时间的刻度。更香用燃烧速度均匀的木料制成，有的更香上还嵌有金属珠，燃烧到固定时间时金属珠会掉落，用以提醒时间。宋朝的《香谱》中就记载了一种更香，名曰"百刻香"，上面有一百个刻度，可以燃烧一昼夜。宋朝时，这种更香随着商船远行海外，其计时准确程度让外国人叹为观止。李约瑟在《中国科学技术史》中引用传教士安文思对更香的评价说："吾人从未见其有大差误，此发明可代自鸣钟。"的确，在那个西洋钟表价值连城的年月里，更香的价格的确更亲民，更接地气。明朝时，一盘更香只需三文钱，可用一昼夜。

燃香计时是佛教传入我国后才有的。还有很多时间量词也与佛教有关。比如一弹指，合今天的7.2秒；一瞬，合今天的0.36秒；最快的是一念，合今天的0.018秒。"就在这一瞬间，才发现，失去了你的容颜"——0.36秒内就会失去，的确是太快了。

　　明朝中叶后，西洋钟表作为礼物和商品进入中国。1601年，意大利传教士利玛窦将自鸣钟送给万历皇帝，钟表进入中国古代宫廷。到了清朝，上层贵族和官方已经普遍使用钟表作为计时工具了。

38 "七尺男儿"到底有多高？

在古代文学作品或者历史剧中，形容古代男子身高时，常会说"堂堂七尺男儿"。今天的一尺约等于33厘米，算下来"七尺男儿"的身高得230厘米！还有更夸张的，史书记载项羽身高八尺，约合今天的260厘米。吕布身高九尺，合今天接近300厘米。最恐怖的是孔子，史书记载其身高是九尺六寸。如果真是这样，孔子恐怕是患巨人症了！

难道古人真的那么高？难道现代人越活越矮了？想想也不大可能——在影响身高的后天因素中，最重要的是饮食营养。而现代的生活条件比古代好太多了，身高怎么会"今不如昔"？

其实古代的"七尺男儿"并没有那么高，问题是出在了古代一尺的长度和今天是不一样的。我国古代的长度标准在历朝历代都有变化。根据学者考证：秦代一尺是23.1厘米，汉代一尺是23～23.6厘米，隋唐一尺在30厘米左右，宋代的一尺刚超过30厘米。

这样算下来，项羽的身高约185厘米，算是比较高的，这样的身高在今天也不少。吕布的身高是200厘米出头，这个确实非常高了，但跟姚明比还逊色一些。再来算算有"巨人症"的孔子的身高，现代出土的春秋时鲁国尺，一尺大约20.5厘米，那么孔子的身高应该约是196厘米。这么看，孔子的确是一个高大的老师！今天很多地方都有孔子的雕塑，有的孔子像被塑得很高，这的确比较符合历史事实。

"七尺男儿"的形象至少在战国时代就有了。《荀子·劝学》就说："口耳之间，则四寸耳，曷足以美七尺之躯哉？"荀子生活在战国末期，有学者考证，那时候各诸侯国的长度单位量值基本相等了，一尺大约是23.1厘米，以此计算，七尺男儿身高也就是160厘米多一些！今天的墓葬考古也证明了这一身高。陕西临潼湾李村战国墓中，34例男性平均身高是167.9厘米，27例女性平均身高是160.85厘米。北京延庆汉墓中，22例男性平均身高是165.34厘米，19例女性平均身高是159.18厘米。山西侯马虒祁战国末至汉代墓地中，22例男性平均身高是164.3厘米，17例女性平均身高是155.5厘米。可见，秦汉时期男子的平均身高是166.2厘米，女性平均身高是158.9厘米。需要注意的是，这些考古数据多来源于北方墓葬，而同时期的南方人，身高就要矮一些了。根据学者的统计，秦汉时期黄河流域成年男性的平均身高在166～168厘米,而长江流域成年男性的平均身高却只有161厘米左右。我们今天常说"北方大汉",看来古代也是如此。

在古代,七尺男儿可不是美男子的身高,而只是一个普通人的最低标准。根据《后汉书》记载,东汉大臣冯勤的祖父,身高不足七尺,经常"自耻短陋",于是就特意给儿子娶高个子的媳妇,想以此改良基因。终于,在冯勤祖父的不懈努力下,冯勤长到了八尺三寸,约合汉代的190厘米!看来,古人也有身材矮小的苦恼。

现在我国的"七尺男儿"有多高呢?2015年国务院新闻办发布的《中国居民营养与慢性病状况报告》显示:中国成年男性平均身高是167.1厘米,女性是155.8厘米。怎么过了两千年中国人还是没长高啊?

首先,现在的成年人平均身高统计时是包括老年人的。这些老年人大部分是在1949年前后出生的,经历了大饥荒和物资匮乏的年代,小时候吃得不好,营养跟不上,所以影响了身高。另外,全国平均身高不具有全国普遍性,我国身高还存在南北方的地域差异。平均身高比较高的东北人、山东人要比平均身高比较低的四川人、重庆人高出七八厘米。所以古今身高对比,不能一概而论,必须在同一个地方进行古今比较。陕西临潼湾李村战国墓中的男性平均身高是167.9厘米,今天陕西男子的平均身高能达到172厘米,比两千多年前还是高了一些的。

有的朋友会拿兵马俑的身高质疑我的说法。的确,参观兵马俑博物馆时解说都会讲兵马俑身高都是185厘米以上,在兵马俑坑里看起来也的确很高。但是,兵马俑都是带底座的,底座有十多厘米高。除去底座净量的话,兵马俑的实际身高多在170～181.5厘米。这个身高比前面计算出的160厘米高了许多,因为兵马俑的原型是军人,而且还是皇帝身边的禁卫军,当然要选大高个儿了。因此,兵马俑的身高是不能代表当时的普遍情况的。

39 "学富五车"到底有多厉害？

古人常用成语"学富五车"来形容一个人学问渊博。这个成语源自《庄子》一书，说的是战国时的政治家惠施的故事。《庄子》的原文是："惠施多方，其书五车。"很多朋友将这句话理解为他读过五车书，的确很厉害！那古代的五车书到底有多少呢？咱们就来算算。

"学富五车"中的五车书，和我们今天的书是不一样的。今天的书是纸质书，是西汉之后才有的。尽管东汉的蔡伦改进了造纸术，但东汉并未普及纸质书。直到魏晋时期，因为佛教的传播需要大量佛经，廉价方便的纸质书才在我国普及开来。那在"学富五车"的先秦时期，书主要是用什么材料写的呢？答案是简牍。

简和牍是两样东西，区别主要体现在宽度上，简细长，牍则更宽。在制作材料上，两者大体都用竹或木。一般简多用竹，牍多用木，所以又称"竹简"和"木牍"。

△ 竹简

△ 木牍

　　竹简在商朝就出现了，后来在战国时期被广泛使用，一直用到汉朝。竹简的制作方法很复杂。首先，选用上等的楠竹、慈竹的中间部分裁切，因为中间部分竹节间隔大，可以保证书写部分的平整。裁切要按照固定的长度和宽度，竹简的宽度在一厘米左右，可以书写一到两行字。竹简的长度不一，一尺长的居多，故而又称"尺牍"。比如湖北云梦睡虎地秦墓出土的秦代竹简长度在二十三厘米至二十八厘米。汉代诏书的竹简长度为"尺一"，也就是一尺一寸，差不多是二十六厘米。但也有长的竹简，比如记录重要法律内容的，就要用三尺竹简，故而有"三尺律令"的说法。湖北曾侯乙墓出土的战国竹简最厉害，长度在七十二厘米至七十五厘米，可以当武器防身用了。竹简裁切好后，要进行刮削、打磨，把竹简磨平，方便写字。竹简制作过程中，还有一道重要的程序——杀青，就是把竹简放到火上烤。杀青的目的，一是减轻竹简的重量，二是让竹简干燥后防霉防蛀，方便长期保存。烘烤之时，本来新鲜湿润的青竹片，被烤得冒出水珠来，就像出汗一样，所以这道程序叫"汗青"，也称"杀青"。今天电影拍摄完成时也称"杀青"，这种叫法就是源于竹简的制作工序。杀青后，就可以在竹简上写字了。如果写字时写错了，就用小刀将错字刮掉后重写，以避免一整片竹简被废弃。这种刮错字用的刀叫"书刀"，是古代文人常用的文化用品。竹简写完了，再在竹简上打孔穿绳，将若干片竹简连接在一起，这就是一册竹简了。

牍大多用木片制成，汉代多以胡杨和红柳作为原材料。牍比简宽许多，能达到六厘米，个别的达十五厘米。单片牍比单片简能承载更多的文字量，所以牍多单片使用，不用连接成册。牍呈长方形,故又叫作"方"或"版"。牍也用来画地图,这就是后世将国家疆域称为"版图"的由来。

"学富五车"时代的书是竹简,其重量和今天的纸质书不可同日而语。《史记》记载:汉武帝时,有个叫东方朔的人,博览群书,给汉武帝写自荐信,用了三千片竹简,需要两个人抬着才能运到宫殿。一片竹简能写三十多个字,三千片竹简就能写十万字左右,与你正在读的这本书字数相当,这就足以看出竹简之重。

那五车竹简有多重呢?台湾地区的历史学者邢义田先生曾考证过,东方朔上书用的三千片竹简重量有十二公斤之多,算下来平均每公斤竹简有八千多字。古代马车的载重量一般可达两百公斤,五车竹简就是一千公斤,算下来大概有八百万字。

八百万字是什么概念呢?以人民出版社版本的四大名著为例,《红楼梦》约一百一十五万字,《三国演义》约七十六万字,《水浒传》约九十九万字,《西游记》约九十一万字,加起来大约三百八十万字。"学富五车"的读书量,大概就是四大名著总字数的两倍。这个水平,今天的中学生基本就能达到。

然而我们是否可以藐视古人而自称"学富十车"呢?恐怕不可以。首先,古代的文章用文言体写作,其信息量远远多于白话文。其次,古人读的都是学术著作,四大名著那是白话小说,难度上也不在一个水准。另外,"学富五车"这一成语中的五车书是一个泛指的概念,可能实际不止五车书。

情感篇

40 中国古代的情人节是哪一天？

改革开放后，随着全球化的发展，很多西方节日来到了中国，并受到广大年轻人的追捧，最具代表性的是圣诞节和情人节。同时，一些中国传统的节日也被人为注入了一些国际化、世俗化的色彩。就比如传统的七夕节，近些年来被国人说成中国传统的情人节。然而，对七夕节的这种强行解读不免有些生搬硬套，因为古代的七夕节压根儿就和情人节没有关系。

至少在秦汉时期，七夕节就已经出现了，至今已有两千多年了。那古人是怎么过七夕节的呢？现存文献中，最早关于七夕节习俗的记载见于《西京杂记》，记录了长安城内怎么过七夕："汉彩女常以七月七日穿七孔针于开襟楼，人俱习之。"意思是说：汉朝的宫女常常在农历七月初七这一天，在缝衣制裳的宫楼里比赛穿针引线，民间也纷纷效仿。因此，最初的七夕跟男女欢情没有任何关系，只是女子们比拼、学习女红技能的日子。这种风俗叫作"乞巧"，即乞求心灵手巧。那么古人为什么要在七夕这天乞巧呢？这和七夕的起源有关。

七夕的起源，是为了纪念时令的转换，即月份和季节变换的标志。古人判断月份和季节，主要是通过观察天象的变化。浩瀚星空中，有一颗织女星。每年农历七月初，织女星恰好出现在夜空的正东方，《夏小正》称之为"七月……初昏，织女正东乡"。古人之所以将其命名为"织女星"，正是因为七月恰逢初秋，是女子们该织布准备冬衣的时节。这也就解释了古人为何会在这一天乞巧，实际上就是动员女子们该织布了。最初，织女星是农历七月初一的标志星。但古人喜欢选择月日相同的日子作为节日，所以便把七月初七定为"七夕"节。

根据学者刘学智、李路兵在《七夕文化源流考论》中的观点，牛郎和织女的爱情神话产生于西汉时期，直到魏晋南北朝时期，两人之间的爱情故事才逐渐定型。但这个故事最初并未与七夕节产生关联，也并没有改变七夕节的节俗。随着时间的推移，历代的七夕增加了一些新的内容，但始终不变的核心是女性乞巧，从来没有男女约会或爱情的成分。另外，古代的七夕节，一般只限于未婚女性，她们可以穿上漂亮的衣服，和小姐妹们聚会，互相切磋女红技巧，聚餐玩耍。综上所述，七夕节并非古代的情人节，而更像古代的"妇女节"。

△ 古代的七夕节（出自《七夕乞巧图》）

△ 上元节观灯（出自李嵩《观灯图》）

那么，中国古代就没有类似西方情人节的节日吗？也不是，要说类似的情人节，我国古代还是有的，那就是元宵节和上巳节。

元宵节的历史也非常悠久，至少在东汉末年就有了。古代元宵节被称为上元节，是非常重要的节日。每到这一天，大城市中都会张灯结彩，歌舞升平。无论是达官显贵，还是市井百姓，晚上都会出来观灯赏月。宋朝以前，城市有严格的宵禁制度，晚上跑到街上会被官府巡夜的惩处，唯独上元节例外。唐朝时上元节期间开禁三天，大家晚上随便出来玩，赏灯逛街，不回家都行。所以，上元节这天成了女性少有的能随便出去溜达的日子。宋代诗人欧阳修就写过一首描写上元节夜晚场景的词《生查子·元夕》，词中"月上柳梢头，人约黄昏后"两句脍炙人口，讲的就是上元节晚上约会的内容。所以，上元节才是中国古代的情人节。在历史题材影视剧《大明宫词》里，周迅扮演的太平公主，就是在上元节这一天的夜晚遇上了她心仪的男子"昆仑奴"，这恰恰凸显了上元节的情人节色彩。

还有一种观点认为：古代的上巳节也有情人节的意义。上巳节在农历的三月初三，按照古代习俗，人们这一天要到郊外去踏青或沐浴。此时，青年男女们也会趁机"送秋波"。《诗经·郑风·溱洧》中就说三月初三这一天"维士与女，伊其将谑，赠之以勺药"，翻译过来是"男女结伴一起逛，相互戏谑喜洋洋，赠朵芍药毋相忘"。

41 古代的光棍多吗？

一谈到古代的纳妾制度，有些男性朋友就会心生羡慕，认为自己在古代也会"妻妾成群"。对于大多数人来说，这种想法无异于做梦，因为古代能够纳妾的只是极少数上层社会的男性。根据学者调查，在对纳妾不加限制的清代，纳妾的家庭数量，也只占全部家庭数量的1%～2%。决定能否纳妾的关键因素，是家庭经济条件。我算了一下，如果将清代纳妾家庭的数量比例对比今天家庭净资产数额，大约和今天净资产超过一千万元的家庭数量比例差不多。在清代的农村地区，纳妾的比例更低，18、19世纪辽宁（时称盛京或奉天）的农村地区，纳妾比例仅占千分之一。由此可见，古代婚姻的真实情况是极少数的家庭有一夫一妻多妾，大部分家庭只有一夫一妻，还有不少人一辈子都没结过婚，只能打光棍。

明清时期，光棍现象非常普遍。明朝浙江官员庄起元曾记载"金衢之民无妻者半"，金华、衢州地区一半的男人娶不到老婆。清朝的光棍问题更为严重，浙江温州"十人之中，八无家室"，福建的贫穷人口中有许多"年逾四五十岁未娶"的男性。尽管这些记录可能有夸张的成分，但确实反映了当时光棍较多的社会现象。直到民国时期，我国的光棍现象依然十分严重。根据社会学家费孝通的研究，民国时期苏州的农村地区有两成多的男性一辈子单身。

为什么古代有如此多的光棍呢？其中最重要的原因是男女比例失衡。

男多女少问题在我国古代非常严重。可能有很多朋友会疑惑：不对啊！古代战争多，男人战死疆场，应该是女多男少才对啊！这是对历史想当然的误解。中国历史上，波及全国的战乱并不常见，更多的还是太平岁月。在和平年代，主要还是男多女少。比如在明朝万历年间，四川的男女人口比例高达144∶100，其他地区情况也好不到哪儿去。清朝前期，我国男女人口比例处于113∶100到119∶100的范围。

为何会有这么严重的男女比例失衡呢？这和我国古代一个非常残忍的社会现象——溺婴直接相关。由于普通民众生活贫困，家庭无法养活更多的孩子，又加诸在重男轻女思想的影响下，只能养男孩而放弃女孩，所以很多女孩生出来的时候就会被父母溺亡杀掉。

先秦时我国就有这种溺婴现象，明清两朝尤其严重，当时有人形容"溺女之家，十常四五"。南方比北方还要严重，溺杀一两个较为常见，多的溺杀五个甚至以上。

导致古代光棍众多的第二个原因是经济因素。古人娶妻也很费钱。穷人家连温饱都是问题，哪还有钱娶妻呢？古代婚姻对钱财非常重视，很多女子宁可被卖入富户为妾，也不愿意嫁入穷家为妻。婚姻论财之风下，再加上纳妾制度的存在，让本来数量就少的女性进入富贵之家为妾，豪门家庭妻妾成群，而穷苦男性一妻难娶。

古代的贞洁观念也在一定程度上造成了光棍问题。宋朝开始，理学盛行，伦理道德比生命还要重要，所谓"饿死事小，失节事大"。社会伦理强调女性的贞洁，强调女性从一而终，限制妇女再婚。明清时期，专制统治者将"吃人"的伦理道德强化到顶峰，只要订过婚，即使未出嫁丈夫就死了，女子也要守寡尽节。当时甚至制定法律反对妇女改嫁，如《大清律例·户律·婚姻》规定："再嫁之妇不得受封（诰命夫人），所以重名器也。命妇再受封，义当守志，不容再嫁以辱名器。"这种限制进一步减少了可婚女性的数量，加剧了男子娶妻的困难。

除了以上几点，宋朝以来，民间逐渐出现了不少"自梳女"，女性能在性别群体内部就实现生活上的互助，不需要依赖男性，这也是影响结婚率的重要因素。

42
古人多大年纪结婚？

古人寿命不长，所以结婚都早，很多人都听说过：古人十四五岁就结婚了。果真如此吗？这一篇我们来考察一下古人的结婚年龄。

古人结婚的年龄，并不是一成不变的，而是随着社会局势、道德观念、官方政策等因素的变化而变化的。所以，我们考察古人的结婚年龄，应该分时间段来看。

在我国古代，历朝政府都对男女的结婚年龄作出了规定。比如在周朝，《周礼》中规定："令男三十而娶，女二十而嫁。"男子三十岁、女子二十岁，这个是结婚年龄的上限还是下限呢？我认为是上限，因为先秦的人口寿命很短。根据对1950—1975年出土于安阳殷墟的商代中小型墓葬主人遗骨的鉴定，成年男子的平均死亡年龄在三十五岁左右，女性则仅有三十岁左右。如果男子三十岁、女子二十岁是周朝结婚年龄下限的话，那基本上结婚几年就去世了。所以，男子三十岁、女子二十岁是结婚年龄的上限，到这个年龄必须得结婚了。如果还不结婚，政府就要对你采取行动了，《礼记》就规定："（媒氏）司男女之无夫家者而会之。"意思是说：男子到了三十岁，女子到了二十岁，如果还不结婚，政府就要用强制手段帮你结婚，一般是派一个官方媒人给你强制介绍对象，而且必须去见。

文献只记载了法律规定的最大结婚年龄，那现实中的一般结婚年龄是多少呢？先秦时期对这一问题的文献记载太少了，我们只能从几位历史大人物的结婚年龄中，侧面看一下当时人的普通情况。《左传·襄公九年》有"国君十五而生子"的记载，天哪，十五岁就有孩子了，那结婚年龄也就是十二三岁，相当于现在刚刚小学毕业的年龄。为啥国君结婚这么早呢？东汉学者高诱给出了解释："国君十二岁而冠，冠而娶，十五生子，重国嗣也。"原来国君早结婚是为了生孩子，是为了有子嗣，可以理解，毕竟人家是有王位要继承的。《淮南子》也有类似的记载："文王十五而生武王。"周文王十五岁时，儿子武王就出生了，结婚年龄也是在十四岁以前。如果不是国君，多大结婚呢？《孔子家语》记载："（孔子）至十九，娶于宋之亓官氏之女，一岁而生伯鱼。"孔子是十九岁结婚，比国君晚了几年。古代也有晚婚的现象，比如鲁庄公，就是《曹刿论战》中的那位鲁国国君。据《左传》记载，鲁庄公迎娶齐国公主哀姜时，已经三十七岁了，妥妥的晚婚了。

春秋战国时期的统一战争对社会的破坏力极大，加之秦朝暴政的影响，人口数量大幅减少。汉朝初年，为了加快人口繁育，汉朝政府修改了男子三十岁、女子二十岁的最晚法定结婚年龄，将其大大降低，特别是将女子的结婚年龄减少到了十五岁。

与先秦时期强制相亲的办法不同，汉朝政府是用税收杠杆来鼓励结婚。汉惠帝六年（前189年）令："女子年十五以上至三十不嫁，五算。"汉朝的"算"是政府征税时的一个计数单位，一算为一百二十钱。也就是说，如果女子十五岁了还不嫁人，要加倍征税，最高加征五倍，一直征到你三十岁。如果三十岁还嫁不出去，政府就不管了。那汉朝男女的一般结婚年龄是多少呢？根据学者杨树达的《汉代婚丧礼俗考》观点，汉代普遍的结婚年龄是男子十五六岁，女子十三四岁。也就是说，今天的初中男生和女生，穿越回汉朝就是普遍的结婚群体。

唐朝政府也对最低结婚年龄作了规定，玄宗开元二十二年（734年）诏令"男十五、女十三以上，得嫁娶"。也就是说，唐朝的法定结婚年龄是男子十五岁以上、女子十三岁以上。那当时一般人的结婚年龄又是怎样的呢？有学者对《唐代墓志汇编》中记载的三百四十四名上层女性的初婚年龄进行了统计，其中最小的十一岁，最大的二十七岁，十三岁以下和二十岁以上的均为少数，十四岁至十九岁嫁者居多，其中又以十四岁、十五岁的更多。拿到今天来看，女子初中毕业基本就都结婚了，而男子的结婚年龄要比女子略高两三岁。总体来看，唐朝的婚配年龄比汉朝略晚一两岁的样子。

宋朝的法定结婚年龄沿袭了唐朝的规定，但实际结婚年龄却比前朝大了不少。有学者对宋朝墓志铭记载的六十名女性进行了统计，平均结婚年龄约为十八岁，大部分在十七岁至十九岁结婚。男子的结婚年龄就更大了，根据统计，士人阶层的平均结婚年龄约为二十四岁，大部分在二十岁至二十五岁结婚。士人阶层结婚晚，可能是为了参加科举考试，把时间都用在学习上了。普通民众则要更早一些，男子二十岁结婚应是普遍现象。为何宋朝人结婚这么晚呢？一是宋代城市文明发达，不结婚也有事做，从这点来看，宋代还真是近代的前夜；二是宋代结婚不看门第，重视财物，彩礼和嫁妆都非常昂贵，这可能也是结婚晚的原因。

明清两朝，男女的结婚年龄和宋朝差不多。明朝人黄佐在《泰泉乡礼》中记载："凡男女婚嫁以时，男子未及十六，女子未及十四成婚者，谓之先时。男子二十五以上，女子二十以上未成婚者，谓之过时。"也就是说，明朝男子的结婚年龄大多在十六岁至二十五岁，女子的结婚年龄大多在十四岁至二十岁。有学者根据《明史》中的数据统计，明朝女子的结婚年龄在十七岁左右，与黄佐的记载吻合。清朝也延续了明朝的传统，十七岁至二十岁是大多数男女的结婚年龄范围。

有的人可能要质疑了：不对啊！我们看电视剧里清朝的皇帝和嫔妃结婚时大多是十三四岁啊，康熙十三岁的时候就已经生孩子了！不错，清朝皇室的结婚年龄是小，但如前文所述，是为了继位需要，一般民众结婚没有那么早。

综上所述，古人的结婚年龄呈现越往后就越晚的趋势。拿今天的年龄作类比，汉朝人初中就结婚了，唐朝人高中结婚，而在明清两朝，想结婚就得高中毕业了。如果你是宋朝的读书人，想结婚就得大学毕业了！

43 古代结婚难吗?

对于当下的年轻人来说,"结婚"是个老大难的事。很难遇到喜欢的人恰好也喜欢你,这是主观上的"结婚难"。结婚可能还需要买房,还要准备程序烦琐的婚礼,这是客观上的"结婚难"。因此,"结婚"让很多年轻人望而生畏,甚至有不少人会想:一个人就这样过一辈子算了,大不了老了和朋友结伴养老。那么,古人结婚也这样难吗?

在上古时期,婚姻制度和今天不一样,结婚是不难的。无论是群婚制,还是抢婚制,婚姻都是相当随意的。确切地说,那时候并没有严格的婚姻制度,大家在一起开心就好。进入文明社会后,一夫一妻制形成,婚姻就变得重要而烦琐了。

汉朝以来,官方改造后的儒家思想成为社会主流,礼制的规范比之前更加完善。特别是程朱理学在南宋兴起后,"存天理,灭人欲"成了主流价值观，情感等私欲都是需要自我检讨的。这种价值观之下，不要说自由恋爱，未婚男女自由接触的机会都很少。古代大部分婚姻都要遵从"父母之命，媒妁之言"，就是在长辈安排、媒婆介绍后方能结婚。这种婚姻中的夫妻双方，在婚礼前都不一定见过彼此，也就无所谓喜欢和不喜欢了。所以，古代的包办结婚不会存在主观上的"结婚难"，大不了婚后再谈恋爱。

我们来重点说说古代客观上的"结婚难"——烦琐的程序。早在先秦时期的《礼记》中，就规定了婚礼程序的六个步骤，称为"六礼"，这六礼分别是：纳采、问名、纳吉、纳征、请期、亲迎。我们接下来具体说说这六个步骤。

首先是纳采，其实质类似今天的求婚。分为两步，先提亲，后纳采。古人的求婚不需要男女双方出面，有媒婆和家人就够了。纳采前，媒人要去女方家提亲。提亲的时候，媒人要介绍一下男方的个人概况和家里的情况。这时候，媒婆的三寸不烂之舌就派上用场了，必须把男方吹捧一番。《笑林广记》里有这样一个段子：

> 有忧贫者，或教之曰："只求媒人足矣。"其人曰："媒安能疗贫乎？"答曰："随你穷人家，经了媒人口，就都发迹了！"

媒人提亲成功后，男方的家人就要准备去女方家正式纳采了。

纳采的"采",跟今天的彩礼是一个意思,但还不是正式的彩礼,只能算见面礼。古代纳采一般送大雁。为何用大雁呢?主要有两种说法:一种说法认为雁这种候鸟"随时南北,不失其节",是一种顺乎阴阳往来的动物,用雁纳采,象征顺乎阴阳之意;另一种说法认为雁代表忠贞,雁失配偶,终身不再成双,用雁纳采象征对忠贞的追求。如果条件不允许,纳采时找不到雁,也可以用鹅来代替,古人把鹅看作家雁。

纳采之后是第二道程序,叫作"问名"。所谓问名,是托媒人去问女方的姓名及生辰八字。有的朋友会疑惑:问个名字还用特意搞一道程序?找人一打听不就完了嘛!不要小看古代女子的名字,未婚女子的名字只有家人知道,对外是保密的。即使在家,家人也只是呼唤其小名,估计就是为了保密大名。所以如果男孩穿越回去的话,不要轻易问女孩的名字,否则会被认为你想娶人家!

古代问名的时候,除了问女孩的名字,还要问生辰八字。古人很重视吉凶祸福,问来女孩的生日时辰后,还要找人占卜一下,看看和自家孩子的生日时辰是否匹配,是吉是凶,然后再决定成婚与否。今天这个传统在年纪大的长辈那里还有遗风,听说晚辈有对象了,有的长辈就会说"找个人好好算算"吧,看看是否合适。古人有时也将"问名"程序简化,甚至与纳采合二为一。

问名后男方家要找人占卜,一般都会得出吉利的结果。如果结果不吉利,那一定是给占卜者的赏钱少了,否则就是男方想以此为借口取消这门婚事。如果占卜顺利，男方就要把吉利结果告知女方，实际上就是对这门婚事再次表示确认。这一程序称为"纳吉"，意为把好消息告诉你，后世又称此为"订盟"，其实质就是我们今天所说的"订婚"。纳吉是婚姻六礼中的第三道程序。

接下来是第四道程序，叫作"纳征"。"纳征"就是男方家给女方家送聘礼，用我们今天的话说，就是给彩礼。那古人的彩礼都送啥呢？按照古礼，彩礼主要有三类：一是"玄纁"，就是用深红和浅红两种颜色组成的衣物；二是"束帛"，当时五匹为一束，也就是送去五匹长的帛；三是"俪皮"，就是成双的鹿皮。看来古人最初还是比较淳朴的，送的彩礼基本上都是结婚过日子的居家用品。当然，从另一个角度看，这也是那时物资匮乏的表现。改革开放前大家送的彩礼基本上也都是水盆、暖瓶、被罩之类的居家用品。改革开放后，随着经济社会的发展，大家基本不送东西了，都改送钱了。因为生活富裕了，大家啥东西也不缺了，送礼金以表心意。古代也是这种情形，最初送皮帛等御寒之料，后来就主要送真金白银了。所以，古人也称其为"聘金"或"纳币"。

古人送的彩礼数额很高，但并不是"来而不往"的单向送礼。男方家送女方家厚重的彩礼，女方家同样也要置办丰厚的嫁妆。特别是宋朝，流行厚嫁之风。很多时候，宋朝人不是娶不起，而是嫁不起。苏轼的弟弟苏辙，为了给女儿置办嫁妆，特意卖了他在河南新乡购置的一块好地，凑了"九千四百缗"钱嫁女，他在日记里说这叫"破家嫁女"。九千四百缗就是九千四百贯，宋朝一贯钱的购买力约合今天的八百元，也就是说苏辙给女儿置办的嫁妆折合今天七百五十万元左右。厚嫁之风在江南地区尤甚。南宋有个叫郑庆一的女子出嫁，嫁妆包括五百亩土地、三十间商铺，还有十万贯铜钱——这些东西拿到今天得上亿元了！

宋人嫁女为何要给这么多嫁妆呢？主要有两点原因：第一是贴补家用，让女儿的婚后生活更舒适些。在宋朝，女性拥有一定的财产权，女方的嫁妆婚后归自己支配，夫家不能随意取用，否则会被人瞧不起。此外，厚嫁还有一个更为重要的原因：嫁妆越多，女儿婚后在夫家就越有地位。《三朝北盟会编》记载了一个有关嫁妆的故事。说宋朝秦桧被金人俘虏后被外派任务，其妻王氏担心自己被丢下，就故意吵闹说："我嫁到你们秦家，那可是明媒正娶，光嫁妆就有二十万贯，我父亲给这么贵的嫁妆就是想让我和你共度余生，你现在想把我丢在这里吗？"这段对骂是故意演给金人看的，金人最终同意了王氏随秦桧同行，看来金人也知道这么贵的嫁妆是不能"辜负"的。

纳征之后是不是就要结婚了？别着急，还有第五道程序叫作"请期"。就是男方家择定婚礼的日期，备礼告知女方家，并征得其同意，民间俗称"提日子"。这道程序也比较简单，但也要占卜，也要送礼。送的礼比较简单，一般还用大雁。哈哈，大雁招谁惹谁了？

婚姻六礼的最后一道程序就是亲迎，即我们今天常说的婚礼仪式。亲迎礼是古今婚姻中最为繁缛的仪式，还总在变化。但无论怎么变，无非两类环节，一类是家庭关系的确认，比如新妇在男方家的"认大小""斟酒""献茶"等；另一类是对新人们的祝愿，如"献四喜汤""迎轿""下轿""祭拜天地""行合卺礼"等。

通过以上对古代婚姻六礼的叙述，你是否感觉到有点脑袋疼？无论古今，结婚都是头等难的事！

△ 迎亲队伍（出自仇英《清明上河图》）

44 古代婚礼在什么时间举行？

今天中国北方大部分地区结婚都是在上午进行，并且一定要在正午十二点之前，只有二婚才会在下午办婚礼。但是天津除外，据说天津市区里的人都是在下午举办婚礼。而在南方和少数民族地区，还有很多地方都是在下午甚至晚上结婚。那古人结婚是在什么时间呢？

古人结婚多是在黄昏傍晚时分，结婚的"婚"字，最初就是代表黄昏的意思，"婚"字是通"昏"字的。《仪礼·士昏礼》载："士娶妻之礼，以昏为期，因而名焉。"在黄昏结婚，是自周朝就有的悠久传统。

古人在黄昏结婚并不是草率的决定，而是沿袭了上古时代抢婚制度中的传统。早期人类社会的婚姻制度并不成熟，也没有明媒正娶一说。最初都是群婚，还是族内群婚。总在一个群体里结婚，时间久了，有时候部落内部不够调剂，毕竟蛋糕太小了不够分。作为补充，原始居民就到族外其他的部落抢女子回来结婚，称为掠夺婚，也叫抢婚。当然，抢婚也有到族外部落抢男人回来的。可能是女子体力不如男性的缘故，抢婚的主流还是男抢女。

上古时期的抢婚比较野蛮，一般是部落的男子组队冲进对方部落，看见差不多的女子，扛起来就跑，抢回去就是自己的媳妇。既然是抢，就要选择夜色渐暗的黄昏，这样的天色有利于隐蔽行动。所以上古时代的抢婚都选择在黄昏。学者分析：古代在黄昏举行婚礼，正是源于上古抢婚的时间，因为夜色掩护下更便于偷袭。学者吕思勉就说："亲迎之必以昏，昏礼之不用乐，皆掠夺之遗迹。"意思是说：迎亲在下午，而且不能吹拉弹唱，这都是上古抢婚的习俗遗存。因为抢婚属于偷袭，必须搞好隐蔽，所以不能吹拉弹唱式地迎亲。后来，人类的婚姻制度演进为明媒正娶了，但婚礼的时间依旧沿袭了上古的传统。从古代到近代，从宫廷皇室到民间百姓，婚礼时间大部分选择在黄昏或夜间。末代皇帝溥仪的婚礼大典也是在晚上举行，皇后婉容的凤舆迎进乾清宫已经是凌晨三点了。

其实人类的很多行为与传统都映射着上古时代生活的影子，婚礼习俗就是典型的代表。比如说自古以来传统的中式婚礼中，新娘子都要头戴盖头。有学者认为：戴盖头的目的是蒙住新娘的眼睛，防止新娘认出回家的路，其目的和土匪绑票时蒙住人质的眼睛是一个道理。20世纪的山东荣成，女子出嫁时须先用红布裹起，然后抱入轿中。有学者分析这是抢婚时代捆扎女子上马的遗俗。再比如到新娘家迎亲时，新娘的亲朋好友还要堵门，新郎必须想办法"贿赂"堵门者，或者强行闯入，这样才能迎娶新娘。这种堵门习俗也源于古代的抢婚制度，否则迎亲这么喜庆的事，干吗要设置障碍呢？这种抢婚的残存习俗，不仅见于汉族婚礼，少数民族婚礼中也有迹可循。人类社会的发展进程可能有快有慢，但总体趋势是相近的。有的少数民族生活在偏远山区，生活相对闭塞，古代残留的习俗可能更多。比如在我国云南省小凉山地区，当地的彝族男女结婚时，男方迎亲一般在天亮前或日落后进行。接亲时，迎亲者与女方家里经过一番"打斗"后，新娘才能被接走，而且新娘只有在天黑后才能进入男方家里。正如英国人类学家泰勒在文化残存法理论中认为的那样：现存古怪的文化现象，过去曾有实用意义，所以可以用现存文化中的古代文化遗存来推断历史文化发展过程。

最后，我们再来解决本篇开头的问题：为何天津依旧选择在下午举行婚礼呢？难道是一直保留了上古的婚礼时间？并非如此。婚礼的时间选择，既有先天传统的遗留，也有后天因素的影响。天津下午办婚礼的习俗可能更趋于后者，其中有一种解释认为，这与天津的码头文化有关。天津过去是繁忙的码头，人们的生活与码头密切相关。很多天津人上午都在码头忙活做事,没有时间干别的事,只有下午才有空聚在一起举行婚礼。久而久之,天津人就形成了下午办婚礼的传统,并延续至今。

45 古代的婚姻制度（上）

这一篇我们来聊聊古代的婚姻制度。

近代学者研究中国古代婚姻制度，多是按照西方理论来研究，特别是受美国原始社会史学家摩尔根的婚姻阶段理论的影响较大，认为婚姻形式是逐渐阶段性进化的。我国古代学者研究婚姻制度时，没有接触到西方理论，但许多研究结果却和摩尔根的理论高度契合，这说明人类社会确实存在许多普遍性。在这一篇里，我们就根据摩尔根的理论，并结合中国历史实际情况，将古代婚姻制度的衍化进程重现给大家。

最初，人类没有婚姻，或者说是"杂婚"，就是随便。《列子·汤问篇》说那时候是"男女杂游，不聘不媒"。"杂游"二字很好地概括了这一时期的婚姻形式。普天之下，皆可为夫妻。

慢慢地，人们认识到这种"杂游"太过草率了，也不文明，和兽类没有区别。特别是和自己的长辈"杂游"，那就是严重的乱伦了。于是人类就进化到了婚姻制度的第一阶段——血族群婚。所谓血族群婚，就是一个血缘群体，按照辈分区分，平辈之间可以婚配。这种婚姻形式的出现，杜绝了和长辈婚配的情况发生，是人类最初伦理观念的体现。在这个阶段，你的姐姐妹妹、姑表亲戚，都可以是你的老婆，也就是今天所说的近亲结婚。中国古代神话传说中的伏羲和女娲就是兄妹关系，两人的婚姻关系就是血族群婚在传说中的印证。

总在一个血缘圈子里婚配，时间久了也会出问题。另外，有的血缘群体会出现男女比例不平衡的情况，比如男多女少，或女多男少。于是，古人就想到了补充异性的办法——到族外去抢。这就是"抢婚"制度的由来。抢婚有抢男人的，也有抢女人的，但抢女人始终是主流。因为抢婚是血族群婚的补充形式，大家还是多夫多妻。严谨地说，抢婚并不是婚姻制度中一个单独的发展阶段，只是一种补充形式，用来调剂血族群婚的。

有的朋友会认为抢婚很野蛮，是人类社会的倒退。然而，有的"野蛮"也能使人类有意外的发现从而加速进步。野蛮的抢婚就让人类有了一个重大的发现——抢婚得来的老婆生下的孩子往往比较健康，而族内群婚生的孩子往往身体或智力有这样那样的问题。这就让人类认识到了近亲结婚可能导致后代畸形的遗传学害处，并推动了人类的婚姻形式进化到第二个阶段——族外群婚，摩尔根称之为"普那路亚婚"。

族外群婚杜绝了兄弟姐妹之间的婚姻关系，想婚配就得去别的血缘氏族找异性。那是让男的出去找还是让女的出去找呢？让男的出去找，因为女性能生孩子，得留在自己的氏族，以保证人丁兴旺。说白了，族外群婚，就是男的倒插门去另一个氏族婚配，婚配完了回到自己的氏族生活，因为丈母娘家不管饭。需要注意的是，这种婚配关系也不是一对一固定的。打个比方，今天生活在山的东面的氏族里来了一个男子，和我家女儿婚配；过几天，生活在山的西面氏族的另一个男子也来了我的氏族，也可以和我家女儿婚配，可谓"有男子自远方来，皆女婿也"。然而问题出现了，过一段日子女儿怀孕了，生下了孩子，却不知道孩子的父亲到底是山东面来的还是山西面来的，孩子只知道母亲是谁。这种只知其母不知其父，人们以母系血缘为纽带生活在一起的社会，叫作"母系氏族"。

族外群婚之下，一个女子可以和多个男子婚配。但人是有感情的动物，一个女子的众多老公之中，可能有一个老公因某方面的优势会更吸引该女子。所以，女子就会慢慢产生固定同居的想法。这样，人类婚姻就进化到了第三个阶段——对偶婚。

对偶婚下，女子还是有多个外氏族的婚配对象，但会有一个固定的主夫；男子还是可以去多个氏族婚配，但会在一个氏族有一个固定的主妻。主夫和主妻之间可以相对长时间地同居在女性的氏族，生活个十天半个月的，"丈母娘"不会赶你走。这种对偶婚的出现，是人类固定婚姻的萌芽，是家庭产生的基础。但这种对偶婚也不是十分稳定，可以自由离异，哪天不喜欢了就好生分别，各寻新欢，随聚随散。今天云南地区的一些少数民族，还保留着这种对偶婚的形式，比如摩梭人的"走婚制"。

随着生产力的发展，男性的作用越发重要，其地位也越来越高。农耕社会的到来，让男性逐渐成为人类最先进生产力的代表。人类从母系氏族过渡到了父系氏族，这一变革伴随着人类文明的重大进步。人类逐渐产生了私有财产观念，也逐渐产生了不需要大氏族一起生活，渴望组成自己的小家庭的想法。于是，财产逐渐集中到以男性为中心的家庭之中，而不再属于整个氏族社会。我的东西就是我的，别人不许动。我死后，我的东西给我的孩子。在母系氏族社会中，孩子只知其母，不知其父，这样不方便遗产继承。所以为了传承财产，人类就进入了婚姻制度的最后一个阶段——一夫一妻制，一直延续到了今天。

中国从先秦时代开始的数千年里，一直都实行一夫一妻制度。即使是贵为天子的皇帝，一般情况下在同一时间段内也只能有一位皇后。有人说不对啊，乾隆有仨皇后啊！注意，那不是同一时间段，都是一个皇后死了之后又立了一个，前后一共是三个。当然，古代的一夫一妻制和今天的一夫一妻制还有个很大的区别，古代的一夫一妻制有个重要补充形式，那就是纳妾，而且可以纳多个。所以，古代的一夫一妻制完整的表述应是"一夫一妻多妾制"。有人会觉得妻妾都一样，都是老婆，所以三妻四妾的表述也是没问题的。大错特错！妻妾的区别是很大的，具体有多大？咱们下一篇继续讲。

46 古代的婚姻制度（下）

妻妾之间的故事，是很多古装电视剧热衷的话题。曾经热播的电视剧《知否》，就是其中比较有代表性的。《知否》以北宋社会为故事背景，架空历史，展现了一幅大户人家的生活画卷，充斥着妻妾儿女的钩心斗角，因此也被称为"宅斗剧"。这部剧相对以前一些粗制滥造的历史剧而言，在历史细节的还原上还是比较下功夫的，特别是对宋人家庭关系和生活原貌还原得比较到位。很多朋友对剧中正妻王氏和妾室林小娘之间的宅斗情节印象深刻，惊叹妻和妾在家中的地位差距如此之大。那妻妾之间的区别有多大呢？在这一篇我们就来聊聊。

第一，身份地位不同。妻，在《说文解字》中的解释是"妇与夫齐者也"，意思是说妻的地位与丈夫平齐。妻子的身份实质是家庭的女主人，有财产和下人的支配权。妻子只能有一个，妾却可以有多个，具体数量取决于你的家庭条件。妾，在《说文解字》中的解释是"有辠（罪）女子"。在甲骨文中，妾的写法是：

上面是刑具，下面是一个"女"字，就是戴刑具的女子。妾的身份实质是奴婢，是服侍主人的。电视剧《知否》的前段中，是妾室林小娘掌管家族财务，这在古代是极不正常的现象，所以男主人被指责为"宠妾灭妻"。

第二，出身不同。妻一般都出身大户人家，讲究门当户对，而妾的出身就无所谓了，多数比较低微，否则也不会委身去给人家做妾。最初，妾都是部落之间战争的战利品——打败对方部落，把俘虏回来的女奴隶当妾。后来的妾，一般都出身于贫苦人家，有的则出自青楼。北宋名臣范仲淹，就纳了一位色艺俱佳的青楼女子为妾。妾也有出身较为富裕的家庭的，但依然遵循门当户对，富裕家庭的女子肯定是到更富贵的人家才肯当妾。

第三，获得方式不同。娶妻要经过三媒六聘、婚姻六礼等烦琐的程序，明媒正娶后才能进门。即便贵为皇家，也不能违背。古代迎娶皇后，有着比民间娶妻更为烦琐、郑重的礼仪。清朝皇帝大婚时，迎娶皇后的路线都有讲究。皇后要从皇城的正门——大清门抬进来,然后依次经过天安门、午门等中轴线正门,再进入后宫。而其他新进宫的嫔妃,只能从皇宫后面的神武门入宫。在清朝,大清门是只有皇帝才能走的门,皇后入宫也走,体现了夫妻地位的平齐。

妻子是娶来的,妾则是纳来的,正所谓"娶妻纳妾"。纳字的意思是接收,像东西一样,花钱了就可以买。既然是买来的,自然也可以卖出,古代的妾是可以用于交易的。那价格一般是多少呢?《夷坚志·丙志》记载,北宋"衢州龙游人虞孟文,以钱十四万买妾"。这里的"十四万"指的是制钱十四万文,合一百四十贯。北宋一贯钱的购买力大约合今天的八百元,计算下来,纳妾需要花今天的十一万元左右。宋朝买妾,服务年限上也不尽相同,有终身者,也有只服务几年的。另外,如果妻子死了,妾一般是不能上位成为妻子的。唐朝法律明确规定:"妾乃贱流""以妾及客女为妻,徒一年半"。假如将妾升为妻,就是触犯了刑律,两口子要服刑一年半,而且事后照样得遵法离婚。

第四,法定准入条件不同。娶妻只要男子到了结婚年龄就可以,但是纳妾是有条件的。在宋朝,许多家族的家法都规定"四十不纳妾",如浦江郑家的《郑式规范》里就规定"若年四十无子者,许置一人"。也就是说,男子娶妻后如果四十岁了还没生儿子,这时候才可以纳妾。到了明朝,更是将此项要求写入了法律。《大明律》规定:"凡男子年满四十而无后嗣者,得纳妾。"从这一点要求上来看，纳妾的最主要目的是给主人生孩子，妾只是个生育机器。不过法律是法律，现实是现实，只要你有钱有地位，想纳几个纳几个，想什么时候纳就什么时候纳。另外，古代男子不纳妾也可收养女子，除了妾还有家妓。宋朝的商人和士大夫都有蓄妓的习惯，多的有数十人甚至上百人。另外，纳妾是需要征得妻子同意的，如果妻子不同意，你就纳不成。所以，妻子在纳妾问题上有极大的发言权。也正是这个原因，妻子带过来的陪嫁奴婢与其关系密切，往往会成为丈夫的妾，比如《红楼梦》中王熙凤的丫鬟平儿。

第五，家庭待遇不同。既然妻的身份是主人，妾的身份是奴婢，那妻妾之间在家庭中的待遇也就大不相同。比如说，明朝法律规定：妻打妾，只要打不残打不死就没事；而妾打妻，是要杖一百的。花费待遇上，妻妾差距也很大。《红楼梦》里，正妻王夫人的月例银子是二十两，妾室赵姨娘的月例银子只有二两，前者是后者的十倍。另外，妻妾死后的待遇也大不相同。正妻死后可以和丈夫同穴合葬，而妾不可以。

第六，妻妾身份不同，生育的子女地位也不同。妻子生的子女叫嫡出，妾生的叫庶出。庶出的子女，在法理上是要将父亲的正妻作为母亲来侍奉的，称其为大母、嫡母。而对自己的生母，则称为姨娘。至于《知否》中"小娘"的称法，在宋朝很少用于称呼母亲。在宋朝，"小娘"多用于称呼未婚女子，类似今天的"小姐姐"。用"小娘"称呼长辈，仅见袁枚《随园随笔》一书："宋宫中称郭后为'大娘'，称刘妃为'小娘'。"《知否》中的"小娘"用法，很可能是后世的语言习惯，并非宋朝的民间用法。

文末还要跟大家说一下古代妻子对纳妾的态度。古代妻子对丈夫纳妾看得比较包容，毕竟地位悬殊，不会产生太多醋意——何必跟一个下人计较？甚至有的妻子会主动提出为丈夫纳妾，这会被看作妻子通情达理的表现。北宋仁宗时，王安石的妻子为丈夫纳了一个妾，花了九十万钱。

47 古人如何离婚？

"离婚"在古代并不是什么新奇的事，早在先秦就已有之。《诗经》中称离婚为"仳离"，"仳"就是离别。在《战国策》和《韩非子》等文献中，有"去妻"之说，也是离婚的意思。秦朝时称离婚为"弃"，汉朝后又有了"出妻""休妻"的说法，到了晋朝才有"离婚"一词。

古人的离婚方式都有哪些呢？最常见的有三种。

第一种离婚方式是丈夫要求解除婚姻关系，这种离婚称为"出妻"，民间称为"休妻"。先秦时未对休妻作制度上的规定，导致离婚盛行。汉朝时，为了维护婚姻稳定，国家对休妻作了限定，不可随意休妻。只有当妻子犯了七种错误时才可以休妻，这七种情况被称为"七出"，在唐朝时纳入了国家法律。"七出"指：没生儿子，出轨，不孝顺老人，犯口舌，盗窃，嫉妒心重，患有重病。是的，嫉妒也会被休！在古代男权社会，妇女地位之低下，从"七出"就可窥一斑。

当然，古人也考虑到了一些女性的权益。首先，妻子没有犯"七出"过错而被无故休掉的，丈夫会受到刑罚。唐朝时是流放一年半，元明清三朝是杖一百或杖八十。另外，有下列三种情况，即使妻子犯了"七出"也不能被休，即所谓的"三不出"：妻子离婚后无家可归的不许离婚，妻子曾为公婆守孝期满三年尽了孝道的不许离婚，结婚时丈夫贫贱而今富贵的不许离婚。"三不出"倒是挺有人情味，特别是最后一条。

第二种离婚方式是官府强制的，称为"义绝"。东汉时《白虎通德论》曾对早期的义绝情况作了说明："悖逆人伦，杀妻父母，废绝纲常，乱之大者，义绝。"唐朝开始，义绝正式纳入法律，始见于《唐律疏议》。对义绝的情形也作了明确规定，比如丈夫殴打妻子的父母或祖父母，妻子辱骂殴打丈夫的父母或祖父母，夫妻及亲属间互杀，夫妻与对方亲属通奸等。唐朝以后，法律中义绝的范围继续扩大，常见情形有丈夫殴打妻子父母，丈夫奸非（强奸或乱伦通奸），丈夫卖妻，丈夫在与妻子久别期间重婚。元朝时，严重的家庭暴力也被纳入了义绝的范围，如《元典章》就记载：陕西一男子将妻子砍伤，被达鲁花赤（当地官府的蒙古掌印官）判处义绝。在男权时代，家庭暴力被纳入强制离婚的范畴，这也是对女性的一种保护。这种对女性少有的保护，却是由少数民族政权入主中原后实现的,也颇耐人寻味。简单地总结一下:义绝就是夫妻双方间发生了严重的事故,已经到了"恩断义绝"的地步,官府予以强制离婚。义绝离婚在古代并不多见,明清时期,即便有义绝情形发生,但只要夫妻双方还愿意保持婚姻关系,官府也不会强制离婚。

第三种离婚方式较为和谐,夫妻双方情感破裂后的自愿离婚,古代称之为"和离"。与休妻中的男子单方主张离婚不同,和离强调夫妻双方都有意愿,特别是女方的意愿。按照唐朝的法律条文,和离的前提是夫妻"情不相谐",用今天离婚案件中的话语表达就是"感情不和,已经破裂"。古代和离与今天普遍的协议离婚类似,程序也大致相同。首先,夫妻双方都有离婚意愿并达成一致。其次,需要双方家长亲眷同意。再次,丈夫要出具和离的文书,夫妻双方及父母签字画押。最后,将和离文书上交官府,得到准许后更改户籍,和离便完成了。古代的和离文书称为"放妻书",一个"放"字很有意蕴——感情不在,婚姻难续,夫妻双方各自放过,好聚好散。1900年出土的敦煌文书中,有一批唐代文献,其中就有十几份"放妻书"。其文字优雅,情感动容。其中一份放妻书写道:"愿妻娘子相离之后,重梳蝉鬓,美扫蛾眉……一别两宽,各生欢喜。"我顿时想起席慕蓉说过:"若不得不分离,也要好好地说声再见,也要在心里存着感谢。"这种境界,现代人也很少能够达到。

相对来说，唐朝及以前对离婚的看法是比较包容的，并不认为那是什么丢人的事，唐朝公主也有许多离婚的。但对于那些随意离婚的，甚至离婚三四次的人，古人还是比较反感的。从宋朝起，程朱理学开始影响人们的价值观，人们逐渐耻于离婚。到了明清，人们的思想更加被禁锢，离婚被视为大恶。即使娶了悍妻妒妇，也不敢离婚。直到新文化运动时期，婚姻自由的观念又被普遍接受，离婚也变得平常。今日，离婚完全是个人生活的私事，外人是无权指手画脚和品头论足的。离婚可能是一种遗憾，也可能是一种解脱，但绝不丢人。那些背后嘲笑或批判别人离婚很丢人的人，他们的思想进化程度真的还不如古人！

48 古人为何瞧不上绿色？

如果一个人的配偶或恋人出轨了，我们常会说这个人被"绿"了，或者说这个人戴"绿帽子"了。"绿"成为被出轨的符号，那为何偏偏是绿色呢？

在古代，绿色除了纯正的绿色，还包括偏蓝的暗绿色乃至深蓝色，古人认为绿、青、碧、蓝几个色调是很接近的。只是当颜色和社会地位挂钩时，多了许多引申意义。在唐朝官员的服色中，六品、七品官员用绿色，八品、九品官员用青色，都是品级比较低的官员。汉代以来，青色也是卑贱者的服色，甚至成了奴仆、差役的代名词。宋徽宗被金人俘获后，金人曾命他穿青衣为众人倒酒，以示侮辱。

古人之所以瞧不上绿色，一种比较合理的解释为：在国人的阴阳五行观念中，绿色是黄色的敌对色。古人崇尚黄色，《周易·坤》就说:"君子黄中通理,正位居体,美在其中而畅于四支,发于事业,美之至也。"在诸多朝代,黄色是天子才能享用的皇家专用色彩,地位极高。所以,与黄色敌对的绿色就被看作低等的颜色。先秦时期,人们就因为绿黄相对而将绿色视为卑贱。如《诗经·邶风·绿衣》中有一句:"绿衣黄裳。心之忧矣。"有一种解释是说:上衣是绿色的,下裳是黄色的,心里感到忧伤。这是为什么呢?因为古人一般上衣为黄色,下裳为绿色,而诗里面的搭配则是上下易位,贵贱颠倒。以此比喻夫人失位,贱妾上僭,所以"心之忧矣"。以绿色代表地位卑微的妾,足以说明绿色的低贱。

还有一种观点认为:绿色在古代是一种杂色,不纯正,故而鄙视。古人认为绿色是"苍黄之间"色,即苍天的蓝色和土地的黄色调和而成的颜色,不上不下,颜色不正,是卑微的颜色。北宋《广韵》中就说绿色为"青黄色"。

因为绿色地位较低,所以绿色成了古代平民百姓或地位低下者的专用颜色。历朝历代,官府都不禁用绿色,民间可以随意使用。由绿色制成的绿帽子,也是地位低微者的专用,并逐渐产生歧视之意。早在春秋时,卖自己的妻女求食的人,就必须裹绿头巾,以示卑贱。到了汉代,地位低下的人不允许戴帽子,只能用绿头巾缠裹头发,是为"绿帻"。《汉书·东方朔传》有"董君绿帻"一语。唐代颜师古注释说:"绿帻,贱人之服也。"唐代贞元年间,《封氏闻见记》记载,延陵令李封对凡是犯罪的官吏不加杖罚,而只是让他裹绿头巾以羞辱,错误严重的戴的时间长,轻微的则短,"戴绿头巾"被当作一种惩戒手段。

可以看出,我国自古就有将绿帽子视为卑贱的传统。那么,又是从什么时候开始,"绿帽子"加入了出轨的含义呢?答案是元朝。《元典章》记载:"至元五年(1268年),准中书省札,娼妓之家,家长并亲属男子,裹青巾。"意思是说,如果家中有女子做娼妓,那么她的男性家属就都得戴绿头巾。绿头巾就成为娼妓家属的专用装饰。此种制度在明朝延续,从事歌唱表演行业的伶人要裹绿头巾,还要穿绿衣,将特殊行业的绿色服饰进一步以法规形式固定下来。由于古代娼妓家中男子戴绿色头巾,而娼妓中又有不少人从事卖淫活动,所以绿头巾渐渐就成了出轨的符号。

明朝时,就已经有人拿"绿头巾"骂人了。如《七修类稿》记载:"今吴人骂人妻有淫行者,曰绿头巾。"明清小说里也经常出现"绿头巾",如《二十年目睹之怪现状》第三回有两句联语:"不怕头巾染绿,须知顶戴将红。"到了近代,国人不戴头巾了,转而用"绿帽子"代替"绿头巾"。民国时期作家王实味,在《杨五奶奶》一文中写到两个女人对骂,内容就有:"好不要脸的臭婊子!张四'戴绿帽子'谁还不知道?!"也大约是从这个时候起,"绿帽子"在汉语中成了出轨的代名词。

有的朋友可能会疑惑:如果绿色代表卑贱,那关二爷为啥戴绿头巾呢？关羽的形象多来自小说《三国演义》，在书中，关羽的出身是卖枣子的小商贩，因犯罪而逃亡，地位的确不高，戴绿头巾实属正常。关羽发达后依旧戴绿头巾，穿绿衣服，则是民间文学为了将其塑造为忠义、不忘本的形象。如《三国演义》里就有这样的情节：关羽身陷曹营，曹操见其绿袍陈旧单薄，令人取来锦袍。但关羽内穿锦袍，外着绿袍，以示不忘与刘备的兄弟情谊。

社会篇

49
古代的钱长什么样子？

钱，我们每天都会接触，很多人为其奋斗终生。古人也是如此，司马迁就说过"天下熙熙，皆为利来；天下攘攘，皆为利往"的至理名言。那古代的钱是什么样的呢？

人类最早没有货币，都是以物换物。交换的过程中，有些物品受大家普遍欢迎，而且价值比较好估计，就慢慢衍化成了早期的货币。人类最早使用的货币多是贝壳。因为贝壳可以作装饰品，受到大家普遍欢迎，且贝壳小巧坚硬，便于携带和保存，也适合作货币。另外，对于地处内陆的早期中国文明来说，贝壳不易获得，很稀有，所以不易贬值。汉字里跟钱有关的字大多是"贝"字旁，原因就是早期货币为贝壳。

后来，随着生产力的提高，贝壳慢慢失去了货币的功能，人们开始铸造金属货币。春秋战国时期，金属货币种类庞杂，一国一个样，有刀币、布币、鬼脸钱等。秦始皇统一六国后，将货币的形制统一为圆形方孔钱。圆形方孔钱的形制从秦朝用到了民国初年，因此古人亲切地将钱称为"孔方兄"。

从秦朝到清末，中国主要有三种货币形态——铜钱、纸币、银子。

古代铜钱的形制是圆形方孔，但不同朝代的铜钱名称却不同。秦朝叫半两钱，汉代叫五铢钱。五铢钱从汉武帝时期用到唐高祖时期，共铸造了七百多年，是中国历史上使用最久的货币。唐高祖开始，改铸"开元通宝"。开元通宝背面有一个指甲印大小的月牙纹，关于此月牙纹的来历，还有很多有趣的故事。最传奇的说法是：后宫一位嫔妃拿开元通宝蜡样观看，不小心在上面留下了指甲印，工匠们也不敢擅自去除印痕，所以铸出来的开元通宝上都有月牙纹。货币史学家彭信威则认为：开元通宝上的月牙纹可能是受了波斯等国钱币上星月纹的影响。这个说法的确有一定的道理，因为唐朝是一个包容开放的时代，受胡人文化的影响也较大。从开元通宝开始，后世铜钱都称作"某某通宝"或"某某元宝"，沿袭了一千三百多年。

历史上最后一种帝制时代铸造的铜钱是袁世凯称帝时北洋造币厂铸造的"洪宪元宝"。民国时，福建还发行过一种"福建通宝"，为了有别于帝制时代的铜钱，福建通宝采用圆形圆孔形制。古代铜矿开采能力不如今天，而市场对铜钱的需求量又

△ 秦半两（左）和五铢钱（右）

△ 开元通宝

很大，经常出现铜不够用的情况，这就导致了"铜荒"和"钱荒"。"钱荒"严重的时候，政府就不得不铸造铁钱来补充。铁钱是中国货币史上的奇葩，断断续续存在了五六百年的时间，尤其在宋朝曾大量铸造。

古代也有纸币，例如宋朝时的交子、元明清时的宝钞等。但是纸币在古代没有相应的发行储备金，缺乏信用担保，所以没流通多久就形同废纸。清朝政府吸取了元明两朝的教训，对纸币发行非常谨慎，在前期基本没发行过纸币。后期，由于围剿太平军和自然灾害导致的财政窘迫，无奈在咸丰年间发行过"户部官票"和"大清宝钞"两种纸币。但它们也没摆脱迅速贬值的命运，不到十年就停用了。

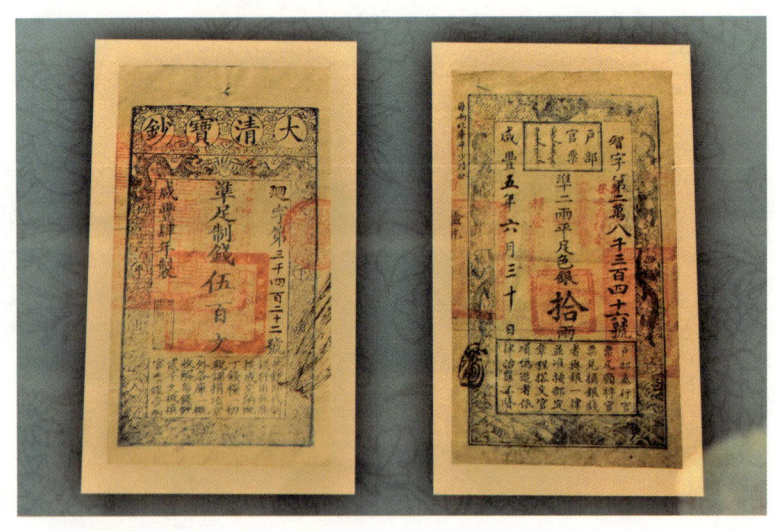

△ 大清宝钞

在宋朝之前，银子基本不在市面上使用。宋朝用银子也少，银子成为市面普遍流通的货币是明朝之后的事了。其中的原因主要有三：首先，明朝之前我国白银的开采量十分有限，想用白银交易也没有那么多。明朝时，新航路开通，美洲白银大量流入中国，使白银有条件成为主要流通的货币。有学者估算，明末一百年间，海外流入的白银约有一万四千吨，是中国自产白银总量的近十倍。其次，商品经济的发展，需要大量货币用于支付，而白银的购买力远高于铜钱，更适合做大宗交易。最后，国家政策的导向发生了改变。明初也曾禁用白银而用纸币，但是纸币贬值太快，国家不得不解除白银禁令。尤其张居正主政时实行"一条鞭法"，更是鼓励用白银支付。上述原因促使白银从明朝开始逐渐成为主要流通货币，并形成了"白银为主，铜钱为辅"的货币体系，延续至晚清。明清两朝，是中国货币史上的"白银时代"。

黄金在古代一般不作为流通货币，只作为储藏和支付的货币使用。贵族经常用黄金支付，比如皇家赏赐或进贡。使用黄金最土豪的时代当数西汉，史书中关于西汉大手笔用金的记载数不胜数。比如汉武帝一次性就赏给卫青二十万斤，约合今天的五十吨。而西汉以后，就不见那么多的黄金赏赐了。这是为何呢？一种说法是汉朝的黄金大部分随着皇帝和贵族陪葬埋在地下了。还有一种说法是汉朝赏赐的"金"并不都是黄金，有一大部分是铜。我比较赞同后一种说法，因为"西汉海昏侯墓"中出土的黄金一共也才二百多斤。海昏侯可是做过皇帝的，所以，卫青的二十万斤黄金应该不都是"真金"。

到了近代，我国流行四种硬通货。除了黄金和白银（银圆）外，还加入了美元和烟土。这四样硬通货的颜色不同，也被称为"黄白绿黑"四大硬通货，成为旧时代的最后四种"钱"。

50
古代一两银子值多少钱?

影视剧里经常有古人花银子的场景,那么一两银子值今天多少钱呢?我们来具体算算。

古代的度量衡与今天不一样,明清时期的一两银子大约合今天的三十七克。如果将纯银的价格设定为每克约三点五元,仅从银子价格考虑,一两银子大约值今天的一百三十元。然而,这种单纯用银价来衡量的方式是不能反映古代银子的价值的。白银的开采难度古今差距很大,市场投放量和稀有程度也不一样。我们应该衡量的是古代银子在当时作为货币的购买力,而不是单纯的白银价格。衡量购买力,可以找一些古今都有的商品作为衡量中介。

先看看宋朝一两银子的购买力。宋朝市场上流通的货币主要是铜钱,一贯铜钱约等于一两银子。一贯钱又是多少呢?古代的铜钱,一枚是一文,古人一般将一千文铜钱用绳子穿在一起,拿起来方便，穿钱的绳子称贯，一贯钱就是一千文。古人用成语"腰缠万贯"形容富有，"贯"就来源于此。然而古代的一贯钱经常"缺斤短两"，这是因为一千文太多了，使用时很少有人当面清点，这就给了投机者钻空子的机会。他们会事先偷偷在一贯钱里拿出来一些铜钱，然后以少充多。时间长了，大家为了避免吃亏，也都跟着这么干。慢慢地，铜钱以少充多就形成了定制，这就是古代的"省陌制"。宋朝的省陌一般以"七十七当百"，一贯钱也就是七百七十文左右。关于省陌制的问题，学界尚有争论，咱们姑且还是按照官方的一贯一千文来计算。

△ 明朝一贯钱

宋仁宗时期，米价是六七百文一石。今天我们吃的普通散装大米，超市的价格是三四块钱一斤。宋朝的一石约合今天的一百一十八点四斤，一石米在今天值四百五十元左右。也就是说，宋朝的"六七百文"约合今天的四百五十元，算下来一文钱差不多是零点七元，一两银子差不多合七百元。

我们再找几个衡量中介来检验一下。《东京梦华录》是一部记录北宋都城东京社会生活的文献，书里说东京的夜市卖一种叫"炒肺"的小吃，一份不过二十文。这个炒肺，应该类似于今天的羊杂汤或卤煮之类的小吃。今天北京街头大排档的这种小吃价格，应该在十五元左右。算下来，一两银子合七百五十元左右。这个结果，跟刚才用米价衡量的结果差不多。

宋朝笔记小说《青琐高议》记载：庆历年间，"都下（都城）马吉以杀鸡为业，每杀一鸡，得佣钱十文，日有数百钱"。由此可知当时市场上杀一只鸡需要十文钱，今天市场上帮人杀鸡大约是八元钱，这样算下来一两银子约合今天的八百元。

综合以上的计算，宋朝一两银子的购买力合今天的七八百元。

接下来我们再看看明朝一两银子的购买力。明朝万历年间，米价维持在半两银子一石。明朝一石等于十斗，考古工作者曾测量出明朝成化年间的铜斗容量约为一万毫升，一千毫升米的重量为两斤左右，算下来一石米约为一百四十五斤。今天一百四十五斤大米五百元左右，可知明朝一两银子买两石米，相当于今天的一千元左右。

成书于明朝中后期的小说《金瓶梅》记载，西门庆聘请温秀才做秘书，每月工资是三两银子。如果按照前面说的一两银子合今天的一千元左右来计算，三两银子就是三千元左右。秀才在古代的考取难度，类似今天的考大学。西门庆所生活的地方是个县城，今天在县城工作的大学毕业生，月薪也就是三四千元。可见，这个计算结果还是比较靠谱的。

最后，我们算算清朝时一两银子的购买力。清朝乾隆年间，湖广、江西地区一石米的价格在一两半与二两银子之间。清朝的一石和明朝大致相当，大约合今天的一百四十五斤。按照今天的米价作为衡量中介计算，清朝的一两银子大约合今天的二百五十元至三百五十元。

历史学者戴逸在《18世纪的中国与世界：农民卷》中指出：乾隆时期的中等农户，年收入约三十二两银子。我们再来看看今天一户农民家庭的年均收入有多少。根据国家统计局的数据，2017年全国农村居民人均可支配收入为一万三千多元。如果按照一家两个大人计算，2017年一户农村居民家庭的平均收入在两万七千元左右。如果清朝的三十二两银子与今天的两万七千元相当，那清朝一两银子的购买力大约合今天的八百五十元。

这两种计算方法所得出的结果出现了一个较大的差距：用米价衡量，清朝一两银子合今天的二百五十元至三百五十元，用农民平均家庭收入来衡量则是八百五十元。为何会有这么大的差距？一个比较合理的解释是：清朝中期人口爆炸，农村人口剧增，而生产力水平又没有质的飞跃，人多地少导致米价上涨，农民生活处于贫困状态。所以，乾隆时期农民的财富远不如今天。历史学者张宏杰认为：清朝的乾隆盛世，是一个民众"饥饿的盛世"，人均粮食占有量是秦始皇以来的历代最低水平。康熙年间，米价才七百文一石，到乾隆年间至少涨了一倍，相当于民众的财富缩水了一半，银子购买力就下降了一半。显然，上面两种计算方式，以米价计算出的一两银子合今天的二百五十元至三百五十元比较贴近乾隆时的真实情况。也就是说，清朝一两银子的购买力，随着时代的不同变化较大，在康熙时约值七百元，到乾隆时就仅值康熙时的一半甚至还不到。

以上就是通过购买力换算古代一两银子相当于今天的多少钱，宋朝一两银子合七八百元，明朝一两银子合一千元左右，清朝一两银子合三百五十元至七百元。

最后咱们得说明一下，用商品作为衡量中介来换算古代银子购买力，并不是十分科学严谨的做法。因为古代的生产力水平和今天差距很大，古今的恩格尔系数（食品支出总额占个人消费支出总额的比重）也大不相同，收入水平和贫富差距状况更不可同日而语。另外，以米价作为中介，只能衡量一个相对固定的时间段内的购买力，因为古代的米价波动很大，可能会受粮食丰收或歉收的影响，还可能受自然灾害和战乱等影响。所以，我们的计算只能作为一个参照，来管窥古代的物价水平，更多则是满足一下我们的好奇心罢了。

51
古人花银子如何找零？

在古装影视剧里，我们经常会看到这样的场景：江湖侠客游走江湖，抑或富家公子外出游玩，常常在小饭馆吃完饭后甩下一锭银，时常还会豪气地附带一句"不用找了"，然后潇洒而去。这种场景在古代会发生吗？

前面讲过，银子在宋朝才开始在市面上使用，明清时期才成为主要流通货币。也就是说，宋朝之前到饭馆吃饭，你付银锭都没几个人认识，就像你今天去饭店吃完饭用欧元支付一样。即便到了宋朝以后，饭馆使用银锭的概率也极低，因为它的"面值"太大了。

银锭是块状的白银，明清时期大块的银锭主要有两种：大元宝和小元宝。大元宝重五十两，多为马蹄形，又称"宝银"，是官方使用的标准银锭。小元宝重十两，多为锤头形状。元宝是比较贵重的,为了保真,上面都会戳刻文字,大体包括铸造时间、地点、用途、成色、官员或工匠姓名等。同样是为了保真,元宝的外沿还会刻意浇铸出一层层的纹路,因为只有纯度在90%以上的银子才能在浇铸时产生纹路。古人称这种有纹路的元宝为"纹银"。除了元宝外,古代还有一种小型银锭,约拇指大小,人称"银锞子",重量为一二两到三五两不等。所以,古人在小饭店吃饭是不可能用元宝付款的。要知道,即便是十两的小元宝,在明清时期的购买力也差不多合今天的一万块钱。这种剧情,堪比今人去兰州拉面馆吃了一碗牛肉面,然后掏出一捆万元大钞买单,店家肯定认为你"有病"。古代的元宝主要用于储藏财富和大宗商品付款,很少在市面流通。那么,古人在市面上花钱,都用什么样的银子呢?

△ 南宋银锭　　　　　　　　△ 南宋碎银子

古人在市面上最常用的是碎银子,古人称之为"滴珠"或"福珠"。碎银子的重量比银锭小许多,一般都不足一两。碎银子的重量不是标准化的，有大有小，比较随机。所以古人使用的时候会随身带两样东西：一是剪子，二是戥子。使用银子时，用剪子剪下适量的碎银子，再用戥子称。这种剪子和一般的剪子不太一样，剪刀口很短，剪柄却很长很粗，这样利用杠杆原理可以更省力。戥子则是一种精确度极高的小秤，据说是宋代时出现的。戥子可以精确到厘，一厘大约是三十一毫克多一点，不仅可以用来称银子，还可以用来称金子或中药等贵重物品。古人交易的时候，需要用多少银子，就用戥子称多少付款。戥子是中国古代花银子时必用的计量工具。法国著名史学家布罗代尔在《15至18世纪的物质文明、经济和资本主义》一书里曾描述购物时的古人"随身带有钢剪，根据所购货物的价格把银锭铰成大小不等的碎块。每个碎块都需称出重量：买卖双方都使用戥子"。小说《红楼梦》里也有诸多用戥子的片段，比如第五十一回写道："于是开了抽屉，才看见一个小簸箩内放着几块银子，倒也有一把戥子。麝月便拿了一块银子，提起戥子来问宝玉：'那是一两的星儿？'"清代学者包世臣记载当时的菜贩都是"袜中皆带一厘戥"，白天收到的碎银子，晚上回家熔铸成小银锭。由此可见，明清时期商业买卖中最常用的还是碎银子。

古人在交易时用剪子剪银子还有一个作用，就是验证白银的纯度，例如剪开看看里面有没有掺假，看断层是否夹铅等。另外，古代经常花钱的人还会在腰上系一个铜铃形状的东西，里面装有蜡

△ 装在匣中的戬子

块,用于收集铰下来的银屑。银屑积到一定数量,熔化蜡块就能回收成银子。古人在省钱方面也是绞尽脑汁,并不是我们想象中那样的大手笔。你在穿越前一定要学会熟练使用剪子,否则穿越回去不会花钱事小,如果剪掉手指那就赔大了。

52 古代下顿馆子多少钱？

上篇说古代下馆子吃饭花不上一锭银子，那吃一顿饭到底要花多少钱呢？接下来咱们就详细算算。

下馆子花多少钱，关键得看你下什么样的馆子。宋朝城市经济发达，下馆子吃饭比较常见，这方面留下的文献记载也较为丰富。咱们先以宋朝为例，看看古人下顿馆子的花费。

最便宜的是路边大排档的小吃。《东京梦华录》记载，都城东京街头小吃摊上的煎鱼、鸭子、炒鸡兔、粉羹之类的，每份不过十五文钱。咱们前面算过，宋朝一文钱约合今天七毛钱，十五文就是十一元钱左右。这个价位不算贵，今天在北京买份卤煮也得二十多元钱。

陆游的《剑南诗稿》里记载百文钱就能在农村点个菜喝个小酒，这样算下来，在宋朝的小饭馆吃顿饭也就是七八十块钱。

高档一点的，苏轼《东坡志林》里说那时三两个士大夫小聚一下，通常花个五百文钱，算下来合今天三百五十块钱左右。

大饭店就不同了，《都城纪胜》里记载，在南宋都城临安，到酒楼里吃顿上档次的饭，都要在五千文以上，约合今天三千五百元以上。在宋徽宗时期，东京的酒楼，官场宴请一顿饭都要在万文以上，合今天一万元上下了！

我们再看看其他朝代富裕阶层一顿饭得花多少钱。《红楼梦》里，刘姥姥在大观园吃了一顿螃蟹宴，这顿饭花了二十两银子。《红楼梦》的时代背景应该是清康熙年间。康熙时期一两银子的购买力大约相当于今天的七百元。也就是说，荣国府一顿饭花了今天一万四千元左右。注意，这还是家宴，这个钱数只是食材的价格。看来荣国府确实很有钱！

荣国府吃饭已经够贵了，但还有更贵的，那就是清朝官场上的公款宴请。道光年间，陕西粮道张集馨经常接待各地官员，每次公款宴请的花费都在两千两银子以上。并且他还留下了详细的公款吃喝记载："每次皆戏两班，上席五桌，中席十四桌。"上席必须有燕窝烧烤，中席必须有鱼翅海参。每席还要有活鱼、白鳝、鹿尾。这家伙一次公款吃喝就花掉两千两银子，若以乾隆年间一两银子合今天三百五十元计算，张道台一次公款招待就花了人民币七十万元。七十万元吃了十九桌饭，算下来一桌要三万多元。嗯，可能是酒比较贵，一桌五瓶，一万块没了！

53 古人如何存钱？

古人讲究"财不外露"，那古人都把钱藏在哪里呢？

普通人家没有多少钱，就把少量的铜钱穿成串挂在房梁上，随用随取。苏东坡被贬黄州时，就是用这样的方式存取钱财。苏轼当时生活拮据，就把每月的铜钱分为三十份挂在房梁上，每天取用一份。另外，古代的小偷也被称为"梁上君子"，为啥小偷爱上房梁呢？因为房梁上有钱！

古代还有类似存钱罐的小型储钱物件，叫作"扑满"。扑满一般为陶制或瓷制，形状像一把没有嘴儿和把手的茶壶，也有动物造型的，跟今天的储钱罐很像。扑满上方有一个短而窄的小孔，用于投币。有的扑满腹部还有一个凸起的环，用于拴绳子以便悬挂在房梁上。之所以叫扑满，意为"满则扑之"，即"装满了就敲碎取用"。扑满在秦朝时就已出现，在汉唐时流行。今天的中国台湾地区依然将储钱罐称为扑满,歌曲《孤单北半球》里就唱道:"记得把想念存进扑满。"

对于家财万贯的富裕家庭,扑满显然是装不下的。于是,古人就发明了扑满的升级版——储钱坛子。把钱财装进坛子,封好口,埋在自家院子或附近的隐秘处,等今后需要用大数目钱财时,再挖出坛子支取钱财。扑满相当于"零存整取",储钱坛子则相当于"定期存款"。

古人埋坛子的时候还会在上面做一番伪装,最搞笑的方法就是在上面立块牌子,写上"此地无银三百两"。还有一种"多层掩埋法"——将装有大量钱财的坛子深埋,再将装有少量钱财的

△ 唐朝褐色点彩圆圈纹扑满

坛子埋在其上方浅层。这样一来，盗贼即便挖掘，往往也只能发现浅层的银子。民国时期的上海名医陈存仁家中分家析产，通过记载得知家里藏了二十坛银子，但最初只挖出了八坛。剩下的十二坛哪儿去了？家人又扩大挖掘面积，将房前屋后挖了个底朝天，也没能挖到。后来有经验的长辈提醒，在挖出八坛银子的地方继续往下深挖，最后果真又挖出了埋在深层的十二坛银子。看来古人挖储藏的银子，真的要掘地三尺啊！

对于富豪家庭，坛子也会不够用，所以又有了坛子的加强版——钱窖。他们选择在自家宅院里最安全的地方挖钱窖，窖口狭小隐蔽，内部空间与地窖类似，可存放上吨的钱财。2010年在陕西华县就发现了一个宋代遗留的钱窖，出土了数吨铜钱。钱窖里的钱财怎么还会被遗忘呢？其实历史上这种事并不少见，多是因为政治动荡或家族变故。例如有的大户人家被抄家了，就掩埋了钱窖，想等他日再回来取，但再也没了机会。又比如战乱突袭，举家被迫搬迁，来不及带走的钱财被遗落在钱窖里。陕西发现的这个宋代钱窖，很有可能就是因为当年金军南下，主人慌忙南逃，因而最终被历史的沧桑呼啸掩埋。

古时候也经常发生在老宅里挖出前人储藏财物的事例，特别是在那些历史悠久的古城。那么，古代有"挖出文物上交国家"的规定吗？一般是没有的，顶多是挖出来"钟鼎"这样的非平民使用之物必须得上交官府。但官府也不是白拿，必须"酬直"，即按照文物的价值给予报酬。对于在自家宅院里挖出来的一般财物，都可以归个人所有。宋代的洛阳就经常发生因为在宅院里挖出前代遗留的财物而暴富的事，以至于当时洛阳人买房子还要额外交一笔"掘屋钱"，给卖房人作为可能挖出钱财的经济补偿。文献记载："洛中地内多宿藏，凡置第宅，未经掘者，例出掘钱。"

除了深埋，古人还有许多奇葩的藏钱地方，比如说墙壁的夹层里。《汉书》记载，秦朝焚书坑儒时，孔子的后裔将古籍藏到孔子故居的墙壁夹层中才得以保存。后来有钱人就用这个办法来藏钱，一直沿用到晚清民国时期。我还听说过一种清朝时晋商的奇葩存钱方式，就是将银子熔化后灌进地板，这样肯定丢不了。

近年，经常有老屋拆迁墙壁发现钱财的新闻。2014年，广东雷州一农村祖屋被台风吹倒，清理断壁残垣时在墙壁夹层里意外发现了二十九枚清末民初时期的银圆，价值数百万元。2016年，山东一座老屋拆迁，墙壁夹层里发现大量铜钱，价值在千万元以上。如果你的家中有老宅祖屋，不妨拆开墙壁看看，没准儿你就会一夜暴富！

54 古人一年要缴多少税？

作为一国国民，就要纳税，古今中外皆如此。那古人一年要缴多少税呢？我们以汉朝为例来计算一下。

历史教科书总说汉朝税赋低，其实低的只是田租一项。汉朝老百姓需要缴的赋税种类很多，总体来说有三类：田租、人头税、杂税。

"田租"属于土地税，你有多少田产，就相应地要缴多少税，并按收获比例缴纳粮食。我们常说的"十五税一"或"三十税一"，指的只是粮食。除了粮食外，田租还要交刍藁，"刍"指的是草料，"藁"指的是秸秆。刍藁是战马的饲料，直接关系国家军队的战斗力，所以政府非常重视对刍藁的征收。

赋税的第二类是"人头税"，这才是赋税中的大头。人头税按人缴纳，不同的人，缴的标准不一样。成年人是缴人头税的主力，汉朝十五岁就是成年人，缴的人头税称为"算赋"。这个"算"指的是一个计税单位，汉初规定为一百二十钱。后世则有所波动，比如汉文帝时一算是四十钱，汉宣帝时一算是九十钱，汉武帝时一算是实打实的一百二十钱。这里的钱是"五铢钱"，即汉朝的铜钱，一枚就是一钱。成年人每年缴一算，也就是一百二十个铜钱，一直要缴到五十六岁。算赋还有加倍征收的情况，主要针对特殊人群。比如你家如果养奴婢了，每个奴婢每年要缴两算，由主人负责缴纳。这样做是为了限制豪族大户蓄奴，以此增加国家的自由劳动力，同时也抑制豪强势力发展。商人家庭也要加倍缴算赋，目的是重农抑商，怕大家都去经商影响农业生产。最悲惨的家庭是家里有大龄未婚女儿的，汉惠帝时规定：女子从十五岁到三十岁还不出嫁的，加倍征赋，年纪越大加收越多，最高可达五算，可谓"剩女税"。这样做是为了让女子尽早婚配，以便多生育人口。然而，"剩女税"到三十岁就不再征收了，因为国家也明白：过了三十岁还没嫁出去的，这辈子可能都嫁不出去了。不要以为未成年人就不用缴税，只是缴得少而已。未成年人缴的人头税称为"口赋"或"口钱"，每人每年二十钱，汉武帝时加到二十三钱。

除了口赋和算赋以外，汉朝老百姓还要缴一种特供人头税，这就是"献费"。献费献给谁呢？当然是皇帝！皇权时代"家天下"，整个国家都是皇帝的，作为国家的主人，自然要让老百姓贡献一下。献费按户征收，每户每年六十三钱。别看献费数量少，但架不住西汉人口多啊！西汉人口最多时候超过一千万户，仅献费一项，皇帝每年即可收入六七亿钱，要不咋都想当皇帝呢！另外，还有一种变相的人头税叫"更赋"。古代的成年男子每年都要给国家服役，主要有三种形式的役：更卒、正卒和戍卒。服更卒，就是一年给当地政府义务劳动一个月，挖水渠，修城墙。服正卒就比较惨了，要去首都给朝廷当兵。好在这种正卒一生只服一次，一次一年。最惨的要数服戍卒，每年都要去边境戍边三天。你家离边境近还行，离得远就惨了，戍边三天，路上来回都得走几个月！所以汉朝政府就想出了个法子：你不去戍边也可以，但得交钱，国家花钱雇人替你干，一年一次三百钱，即更赋，相当于"免役税"。汉朝还有个家庭"人头税"，这就是以家庭为单位交的"户赋"，每户每年交二百钱。

税赋的第三类是"杂税"，就是各种杂七杂八的赋税。比如汉武帝发明的"算缗"，就是对工商业从业者的特殊财产税：商人和高利贷者每两千钱财产征收一算，手工业者每四千钱财产征收一算。再比如市税，只要有商品交易，就要按照交易额缴税，相当于消费税，学者估计税率可能是2%。汉武帝是个敛税能手，他还搞出了牲畜税、车船税、田宅税等税种。另外，他还实行了盐铁官营政策，盐铁由国家专卖，价格奇高，实际上是让消费者变相缴税。

我粗略地算了一下，汉朝一个普通五口之家，假设家中有两儿一女，且皆已成年，家又离边境比较远的话，一年缴的赋税要将近两千钱，另外还要上交一部分粮食。当然，这个缴税总额是在你家没有大龄未婚女儿、没有奴婢、没有做买卖、没有大额财产的前提下。换句话说，两千钱是一个家庭的最低赋税。

那汉朝的一个家庭收入又是多少呢？根据凤凰山十号汉墓出土的竹简来看，一户家庭最多能有五十亩地，汉朝一亩地的粮食产量大约是两石，所以一户家庭一年大约有一百石的收入。这是比较富裕的家庭了，要知道，当时一个县令的收入也就是一年四五百石。再按照粮价换算，收成比较好的年头，一石粮食大约是五十钱。一百石就是五千钱，再缴给国家两千钱，税收达到了40%。你可能觉得这个税率太高了。但秦朝时征收的是"泰半之赋"，意思是税收达到个人总收入的三分之二。与秦朝相比，汉朝的赋税真的算得上"薄赋"了！

55 古代哪个行业最赚钱？

俗话说"敲锣卖糖，各干一行"。古代也是行业众多，唐朝时就有"三十六行"的说法，后又延伸出"七十二行"和"三百六十行"的说法。这些都只是行业种类的约数，实际上远不止这些。这么多行业里，哪一行的生意是最赚钱的呢？

很多人首先会想到清朝的"广州十三行"。的确，清朝实行闭关锁国的政策，只授权广州十三行做对外贸易，其经营的是垄断性业务，所以利润非常高。十三行的行商们，个个都富可敌国。总行商伍秉鉴，在道光十四年（1834年）时的资产已达两千六百万银圆，折合白银两千万两左右。要知道，当时清朝政府一年的财政收入也就四千万两左右。《华尔街日报》对伍秉鉴的评价是"拥有世界上最大商业资产的天下第一大富翁"。可见，伍秉鉴就是那个时代的世界首富。

垄断性的对外贸易只存在于特殊时期，是特殊体制造就的产物，不具有普遍性。而在古代常见的行当里，最赚钱的应是贩盐。

盐是维持人生命的必需品。在没有冰箱的古代，盐可以腌制食物使其减缓腐败变质。盐在古代的战略地位，类似于今天的石油。而且盐不是每个地区都出产，因而具有稀缺性。可一旦发现某一地区产盐，其开采成本又很低，那么那个地区的产盐地就像今天的中东产油国，闭着眼睛都赚钱。

这么赚钱的行业，古代政府是不会放过的。我国很早就对盐业实行官营了。春秋时，齐国之所以强大，很大程度上是因为实行了管仲的"官山海"政策，国家专营盐业，"便鱼盐之利"。需要说明的是，管仲的盐业官营政策还是比较温和的。民间制盐随便，官方只是控制流通和销售环节，而且每升盐只在成本价上加收一二钱，对盐价的影响不大。另外，管仲盐业官营的收入，主要用于"赡贫穷，禄贤能"，算是取之于民，用之于民，因此受到了民众的好评。战国时，秦国实行商鞅变法，商鞅也搞起了盐业官营。但商鞅比管仲狠多了，不仅控制销售，还要控制生产，加价也很多，盐业官营政策成了压榨民众的变相税收。汉朝初年，开放了盐业，允许民营。很多贩盐的商人成为巨富豪强，富比王侯，这让中央政府极其担忧。汉武帝时，因连年与匈奴开战，国家财政吃紧，为了增加财政收入，也为了打击富商豪强，汉朝又开始实行了盐业专卖，即著名的"盐铁官营"政策。盐铁官营政策下，由官府直接组织食盐生产、运输和销售，禁止民营。汉朝政府获得巨大利润，这才缓解了因连年战争导致的财政危机。汉朝以后的历代王朝，都实行盐铁官营，它快速而高效地压榨老百姓的钱包。因为官盐价格太高，伴随着盐业专卖，民间一直有贩卖私盐的情况。历代王朝都严厉打击贩卖私盐的商人，因为这是在和朝廷抢生意。在很多朝代，贩卖私盐是和谋反一样的重罪。尽管如此，依然有许多亡命之徒冒着杀头的风险贩卖私盐，因为它的利润实在是太高了。

私盐的利润有多高？根据《续资治通鉴长编》记载，北宋时，政府在陕西垄断经营的青海盐售价是每斤四十四文，而在青海产地的价格每斤仅为五文，开采成本则更低。北宋元丰年间，四川的官府收盐价格是四十文，同时期四川地区官盐的售价高达一百二十文。一般而言，官盐的售价是成本的数倍甚至十数倍。马克思在《资本论》中说过："当利润达到10%时，便有人蠢蠢欲动；当利润达到50%的时候，有人敢于铤而走险；当利润达到100%时，他们敢于践踏人间一切法律；而当利润达到300%时，甚至连上绞刑架都毫不畏惧。"古代的私盐贩子，不仅仅是不怕死了，他们是通过"找死"的方式贩卖私盐。为了对抗官府打击，私盐贩子往往结伴以武力贩盐，不仅持有兵器，更有甚者组建私人武装。乱世时，有的私盐贩子还会靠手里的"贩盐武装"趁机起义造反。比如隋末的程咬金、唐末的黄巢、元末的张士诚，都是贩盐出身的农民起义领袖。

北宋末年，为了打击私盐贩卖，蔡京改革了盐业专卖制度。以后，食盐不再由官府直接经营，而是改为官府特许的盐商经营，为此还制定了"盐引"制度。"盐引"相当于特许经营许可证，盐商向官府缴纳盐款和税款后，官府颁发盐引。盐引上面有编号，官府备案。盐商凭盐引到盐户那里购买盐，然后运输与贩卖。全程都要凭盐引证明，否则一经查获，视为走私。元明清三朝，延续宋朝的盐引制度。盐商凭盐引可将食盐低价买高价卖，日进斗金不在话下。为了获得盐引，盐商需要承担官方分配的附加任务。比如明朝，想获得盐引需要向边塞运送粮食；比如清朝，盐商要额外给国家捐赠，称为"报效"。同时，盐商还要向主管盐业的官员们巨额行贿，以保障生意做得长久。清朝主管盐业的官员是各地的"盐道"，也是清朝"最肥"的官职。

明清两朝的盐业，是官商勾结获取暴利的典型行业。当时盛极一时的徽商，就是在盐业特许经营制度下靠官商勾结而起家的。徽商贩盐产业的集中地是交通便利的扬州，扬州盐商有着极高的智商和情商，能够牢牢抓住统治者的心理，时刻想方设法讨好权贵。乾隆皇帝七次下江南，扬州盐商都主动请缨负责接驾事宜，把乾隆伺候得非常舒服。乾隆在位时有个叫鲍志道的盐商，他在担任淮盐总商的二十年间，共向朝廷捐银两千余万两、粮食十二万余石，受到政府的多次嘉奖。扬州盐商深谙此道，因此成为明清时期最富有的商人群体。

56 古人如何寄信？

"烽火连三月，家书抵万金。"在通信技术落后的古代，寄信是最常见、最重要的通信手段。那古人是如何寄信的呢？有的朋友会想到古代官方的邮驿系统，驿站遍布全国，传递高效快捷，还有"五百里加急"之类的。对不起，你想多了！官方的邮驿是专门给皇家和官府使用的，民众一般是享用不了的。那古代民间如何寄信呢？

我国现存最古老的家书，是出土于湖北云梦睡虎地的"黑夫木牍"。这是两封家书，寄信人是秦军士兵"黑夫"和他的兄弟"惊"，二人的信是从秦军灭楚的前线寄给家里的。信的内容中，除了问候母亲和报平安外，主要是向母亲要钱和要衣服。要得还很急，信里说"即死矣"（再不寄钱和衣服就要死了），信尾还加了三个"急"字。有学者分析，秦国的邮驿不太可能会为普通士兵传递信件。所以,黑夫的家书可能是找熟人顺路捎带的。找熟人捎带,也是古代最常见的民间寄信方式。

△ 古代的邮递员(出自驿使图画像砖)

在古代,找人捎带信件也不是一件容易的事。因为古人一般不出门远行,所以很难找到恰当的熟人。黑夫是从前线往家里寄信的,他可以找服役期满返乡的同乡战友,相对比较容易。那么,一般情况下,古人寄信要找什么人捎带呢?隋朝诞生科举制后,你可以找赶考的书生捎带信件。他们有的去省城考试,有的进京考试,沿途都可以捎带。你还可以找商人捎带,他们常年出门在外,走南闯北,找他们捎带东西是不错的选择。商人捎带有时候需要付费,一般是几十文到上百文不等，折合今天百八十块钱。送到目的地后，收信人往往还会留捎信人吃顿饭表示感谢。古人十分珍视这来之不易的信件，往往看了又看，一看好多年。还真不是夸张，汉诗里就有这样的记载："客从远方来，遗我一书札。上言长相思，下言久离别。置书怀袖中，三岁字不灭。"

如果你在古代有做官的朋友，你也可以让他们捎带。官员调转或进京述职，可以沿途帮熟人捎带信件。可有的官员的朋友太多了，出行时帮人捎带信件也会成为一种负担。《世说新语》里就有一则故事：东晋有个官员叫殷洪乔，在豫章（今江西南昌）做郡守。他从南京述职后回南昌，当地的朋友就托他捎带信件，好家伙，一共有一百多封信！到了南京以后，殷洪乔把这些信全扔到了水里，嘴里念叨："沉者自沉，浮者自浮，殷洪乔不能作致书邮！"其实这事在今天也有类似的版本：你要出国旅行，突然好多朋友让你去免税店帮忙买东西带回来，给你列了长长一个单子，你说烦不烦？

另外，古代还有专业的信客，专门以帮人传递信件或物品为业，是那个时代的快递小哥。信客这一职业一直到20世纪还存在，余秋雨就写过散文《信客》，对其有细致的回忆。古人寄信，都会把信放在密封的细长筒里面，一般是竹筒，也有皮桶和漆木桶，这样既能保证信件不被损坏，还能保护隐私。这种装信的桶叫作"邮筒"，在唐宋时期就有这一称呼了，并一直沿用至今。

古代也有为民众提供寄信服务的民用邮政机构，最初都是兼职。比如隋唐时期的私人旅社，往往兼营寄信业务。但那时候私人旅社寄信的速度比较慢，杜牧在《旅宿》一诗中就吐槽"家书到隔年"。要等一年时间，估计这信是转了"十八手"才送到的。另外，古人也可以找镖局寄信，镖局主营押送业务，兼营寄信业务。明朝时，随着江南地区商品经济的发展，民间寄信越发频繁，过去的熟人捎带方式已经无法满足民众的速度需求了。这时，专门的民用寄信机构诞生了，这就是"民信局"。清朝同治年间，随着洋务运动的开展，民信局依托轮船等近代交通方式，迎来了发展的黄金时期。无论是繁华都市，还是边疆城镇，都有着民信局的分布。民信局不仅可以邮寄书信，也可邮寄财物，相当于中国最早的"快递公司"。在很长一段时间里，全国民信业务的中心城市在浙江宁波，以至于有"民信局乃是甬人首创"的说法。这可能是由于宁波海运发达，而且开埠通商最早。清朝道光年间，宁波的民信局达一百二十五家，业务范围覆盖全国。当时，从宁波寄信到杭州的费用是五十文，寄到上海是七十文，寄到汉口是一百文，寄到北京是四百文。这个价格着实不低！

除了人工送信外，古人还利用动物送信。当然，这一定要选速度快的动物，乌龟肯定不行，你跟它耗不起。可以选大雁，《汉书》里就记载苏武"鸿雁传书"的相关内容。再比如鸽子，《开元天宝遗事》记载张九龄年少时养了许多鸽子用来送信。然而，飞鸽传书的成功率比较低，距离近一点的还行，远的就很难了。飞鸽传书一般只能飞单程，寄信人从出发地出来时带着鸽子，到目的地把信件拴在鸽子身上，让鸽子飞回出发地送信。你想让鸽子飞到别的地方送信？不好意思，鸽子做不到啊！另外，有些地方的人爱吃鸽子，鸽子送信途中甚至可能"因公殉职"。我生活的城市长春，旁边有个伊通县就以烧烤鸽子闻名，很难有鸽子能够活着飞过伊通的上空。虽然飞鸽传书成功率较低，但古人也有提高成功率的办法，即用多只鸽子传递内容相同的信件，鸽子活着飞回去的概率就大了。

在"家书抵万金"的时代，收到家人或朋友的信件是十分不易的事，所以才会倍感幸福，这种幸福感在通信发达的今天是很难体会到的。所以古人倍加珍视信件背后所带来的情感慰藉，那才叫"纸短情长"。在车马慢的时代，情侣间写一封信寄出，收到时可能已过去一年，那才是真正的"一生只够爱一个人"。

57
古人如何运输"加急快递"?

说到古代的"加急快递",就不得不说一下唐玄宗时期,杨贵妃吃荔枝的事了,所谓"一骑红尘妃子笑,无人知是荔枝来",这"一骑红尘"便是古代"加急快递"的缩影了,那么接下来我便以此为例,说一说古代的加急快递。

首先,我们得先确定荔枝的产地。根据学者的考证,杨贵妃所吃荔枝,要么来自巴蜀地区,要么来自岭南地区。接下来,我们就分别介绍两地荔枝的运输方式。

巴蜀地区的荔枝,可能产自涪州或合江。现在的合江县城内有一座以荔枝命名的广场,可见荔枝文化在当地的地位。巴蜀地区的荔枝在唐宋时驰名天下,北宋名臣蔡襄在《荔枝谱》中就说:"唐天宝中,妃子尤爱嗜(荔枝),涪州岁命驿致,时之词人,多所称咏。"杨贵妃当时住在唐朝的都城长安,涪州距离长安两千里左右，北上越过秦岭即可到达，路途还不算太远。尽管如此，唐玄宗为了心爱的人能更快一点吃到新鲜荔枝，竟然动用国家力量，为运送荔枝修建了"高速公路"。早在秦朝时，为了加强对地方的控制，全国就修建了多条国家级道路。之后的历代王朝沿用并扩建，组成了我国古代的道路交通网。其中很重要的一条就是从长安南下子午谷，翻越秦岭，通往汉中、巴蜀的"子午道"。唐玄宗就是在子午道的基础上，修整开辟出一条更为便捷的路线，沿途设立官方驿站，用来运输荔枝，历史上又称之为"荔枝道"。

"荔枝道"上的最快运输速度有多快呢？唐代的陆路邮驿速度，快速可日行五百里。当年安禄山在范阳起兵造反，范阳与长安郊外的华清宫相距三千里，造反第六天之后，唐玄宗就得到了消息，可见当时邮驿速度确实可达每日五百里。然而，唐玄宗对这个速度仍嫌慢。宋人《舆地纪胜》记载："子午谷，生荔枝自涪陵入达州，由子午谷路至长安凡三日。"也就是说，涪州的荔枝三天就可到长安，这就需要在快马加鞭的基础上每天再多跑一二百里，这可真难为"皇家快递小哥"了。杜甫在诗中写道："奔腾献荔支（枝），百马死山谷。"因为超速骑马，很多驿卒都在山路中出了事故，他们真的是在用生命运送荔枝。

快马奔驰会很颠簸，荔枝很容易就被挤压成"荔枝汁"。而且荔枝收获时节的天气很炎热，搞不好就会腐烂变质。但杨贵妃吃到的荔枝是新鲜完好的，当时人是怎么做到保鲜运输的呢？我看过两种民间说法，仅作参考。第一种是"竹筒保鲜运输法"。采摘下的新鲜荔枝，连枝带叶放于竹筒中并用泥巴密封，这样运输既保鲜又防压。第二种运输法更为用心，可称"木箱低温运输法"。制作一个带夹层的木箱，在夹层里填充棉花和羊毛，将新鲜的荔枝和冰块一起放入木箱内部并密封，便可保证运输时箱内低温以保鲜。此方法若属实，堪称世界上最早的冷链运输技术。

接下来我们再说说岭南荔枝的运输方式。岭南即今天两广和海南一带，至今依然是我国重要的水果产地。唐玄宗开元时期的名相张九龄，曾在《荔枝赋并序》中盛赞岭南荔枝："南海郡出荔枝焉，每至季夏，其实乃熟，状甚环诡，味特甘滋，百果之中，无一可比。"杨贵妃得宠时，各地官员争相进贡。张九龄的弟弟张九章，时任岭南节度使，趁机将岭南荔枝进贡，因此得到了皇帝的垂青，官职也得到了提拔。《新唐书》记载："妃嗜荔支，必欲生致之，（张九章）乃置骑传送，走数千里，味未变已至京师。"张九龄兄弟二人堪称"早期荔枝带货达人"，一个靠软文带货，一个靠名人带货。可是，岭南到长安得有四五千里的路程，唐朝皇家快递小哥是如何做到"味未变已至京师"的呢？

清人吴应逵在《岭南荔枝谱》中给了一个有意思的说法："当如汉武移植扶荔宫故事，以连根之荔栽于器中，由楚南至楚北襄阳丹河，运至商州秦岭不通舟楫之处，而果正熟，乃摘取过岭，飞骑至华清宫，则一日可达耳。"意思是说：在荔枝将熟还未熟时，就连根带土地将整棵荔枝树移植到盆里，然后用船水运北上，等运到秦岭水路尽头的时候，荔枝刚好成熟，此时再将荔枝摘下用驿站快马运送，一天后就可送到长安。

为了心爱的人可以绞尽脑汁，皇帝也不例外。爱吃荔枝的杨贵妃也因此背上了历史的黑锅，包括杜牧在内的一大票人，都将唐朝的衰败归咎于杨贵妃。其实岭南进贡荔枝的历史在汉代就有了。汉武帝时，曾将荔枝树移植到长安上林苑，但长安气候养不活荔枝树，汉武帝为此还杀了看护荔枝树的人。一直到清朝乾隆时，还有福建进贡荔枝的记载。帝王们吃荔枝没事，杨贵妃吃荔枝就国将不存，这是什么道理呢？所谓红颜祸水，只不过是一些人失败的借口罢了。

58
古人出行如何认路？

今天我们去陌生的地方旅行，无论是开车自驾，还是背包步行，都不用担心迷路，因为现在的卫星导航设备非常先进。而就在十几年前，还没有这样先进的导航设备，司机开车远行，必须随身携带各种道路交通图。到了陌生的城市里，如果想找一个具体的地方，还得现打听。那时候，许多城市入城的公路旁，都会有"职业向导"，手持一张白纸站在路边招揽生意，纸上一般写着"指路十元"之类的。这种向导一般都是当地人，对当地的道路交通非常熟悉。

在没有导航且交通欠发达的古代，古人出行是如何认路的呢？

古代的交通工具落后，但道路交通网还是比较完善的。秦朝统一天下后，为了加强统治，建成了通往全国各地的道路交通网。秦朝将以前各诸侯国的主干道路连接起来，并将道路的标准和车轨宽度统一，这就是"车同轨"制度。秦朝最高等级的国道称为"驰道"，全国主要有九条。驰道宽五十步，几乎和今天的飞机跑道相当。以后的历朝历代也都沿袭了秦朝的做法——江山要想坐得住，先修全国高速路。

这种政府主持规划并修建的道路，古代称之为官道，也是传递官方信息的驿道。官道的主干线以都城为核心，向全国大城市和重要军区辐射。主干线下面又有若干分支，连接地方上所有的城镇。以清朝为例，官道分为三个等级。第一等级是"官马大路"，从都城北京向全国辐射，是通往各大省城的官道干线，这类道路相当于今天的收费高速公路。第二等级是"大路"，主要从省城通往该省下辖的各重要城市，类似今天的国道。第三等级是"小路"，从大路或各重要城市通往下属城镇，相当于今天的省道。所以，沿着官路走，基本能到达全国各个城镇。

那古人怎么知道官路的分布和走向呢？这就需要古代专门为出门远行制作的"路程书"了。宋朝以来，由于商品经济的发展，大量商人要在全国范围内走南闯北，需要有详细而准确的道路指引，各类水陆路程书就应运而生了。路程书里不仅包含交通地图，还标注有里程、驿站，以及沿途的地形、店舍、风景名胜、猛兽，甚至强盗的出没情况等。有路程书在手，不仅不会迷路，还能有效躲避沿途风险，真的是出门旅行必备之佳品。不仅是走南闯北的商人，时常要进京述职的官员也要必备此类路程书。元代李有编撰的《古杭杂记》记载："（南宋时）驿路有白塔桥，印卖《朝京里程图》，士大夫往临安，必买以披阅。"明朝时，路程书进一步发展，不仅种类多，内容也更加详细，现存的就不下二十种。比如明代黄汴编纂的《一统路程图记》，又称《新刻水陆路程便览》，全书共八卷，内容非常详细。先是南北二京到全国十三省的水、陆路途，相当于全国交通图。然后是两京十三省内部各府的路途，相当于分省交通图。接下来是全国各条边路的路途，相当于边疆交通图。最后是江南水陆图和江北水陆图，相当于地区交通图。为了方便携带，明朝还出现了袖珍版的路程书，如轻巧可爱的《水陆路程》袖珍版，非常受欢迎。

古人使用路程书和地图的时候，要如何确保路线不走偏呢？古代的主路两旁都栽有树木，可以以此辨别道路的走向。《国语·周语》载："列树以表道。"路旁栽树的目的，一是能够方便过往路人庇荫纳凉，二是表明道路的走向。所以，只要沿着规则排列的树木走，基本不会跑偏。

那古人又是如何判断走了多远呢？古代的主要官道上，官府会沿途每隔一段距离就建一座官方邮驿。如《唐六典》记载唐朝是"凡三十里一驿，天下凡一千六百三十有九所"，每三十里设立一个驿站。宋朝时，大约每六十里设立一个驿站，每十里或二十里设立一个递铺。驿站的功能类似于今天高速公路的服务区和邮政局的结合体，里面可以吃饭、住宿、换马等，但只为官府服务。尽管普通民众不能享受驿站服务，但可以根据驿站判断行路的距离和此刻所处的位置。今天我们在高速公路上行车时，就可以通过里程牌来判断目的地的距离，古代也有类似的里程牌，称作"堠"。堠是一座小土堆，每五里设置一座，用来判断距离。根据苏轼《荔枝叹》自注记载，堠在汉朝就已有。

岔路口是最容易走错路的，今天高速公路在路口处都有指路牌，但有的司机还会因没留神而走错路。那么，古人在岔路口又是如何判断走哪条路的呢？其实，古代也有指路牌，最常见的是一种叫作"挡箭碑"的指路碑，这种指路碑在湖南邵阳及南方一些地区至今依然可以见到。挡箭碑一般立在分岔路口，碑上标有文字，比如"左走某地，右走某地，上走某地，下走某地"或"东走某地，西走某地，南走某地，北走某地"。有趣的是，这些指路碑上还会有一些祈祷语，一般都是为孩子祈福祛灾的。原来，在湘黔苗疆的民间信仰中，凿石为碑，镌字其上，并经苗巫作法后，石碑就具有了祛病禳灾、保种护生的特殊功能，可以抵御外人"放阴箭"射杀孩子的灵魂。这也解释了指路碑为何叫"挡箭碑"，是因为要给孩子"挡箭"。这必须给古人点个赞，因为这样的"功德"非常实用，既为孩子祈了福，又为商旅指了路。如果没有指路碑，那就只好找人问路了，一般的道路交叉口，都会有饭店或人家。还需要说明的是，古人出远门不太爱走陆路，如果有水路能走，一定不会选择陆路。特别是隋朝开通大运河后，南北行走的商人，大多会选择到运河沿线的码头乘船赶路。因为在运河里走，基本上就不会走丢，毕竟没有跑偏的机会。

59 古人上学要花多少钱？

随着改革开放以来社会经济迅速发展，人们对美好生活的向往也越来越强。为子女创造良好的教育条件是每个家长的心头大事，为此买学区房，报课外班，各种"为孩子的明天"努力。也正因如此，教育费用成为许多家庭开支中的大头。那么，古代的学校是什么样的？学费贵不贵呢？

中国古代的学校分为两大系统，一是官学，二是私学。

所谓官学，是指中央朝廷和地方各级官府直接创办和管理的学校，类似我们今天说的公立学校。据考古证实，早在商朝，我国就有了官学的雏形，最基础的是"庠"和"序"。记得读大学时，我们历史学院大厅有面镜子，上面漆有四个字"荫泽庠序"。当时大部分同学都不认识第三个字，更别提理解这句话的意思了。后来我们终于明白了，这就是荫泽学校的意思。

到了周朝，学校进一步发展。周王室在都城设立的官方学校称为"国学"，相当于全国重点学校。国学具体又分为两个等级，低等的叫"小学"，高等的叫"大学"。与今天的小学不同，周朝的小学招收八岁至十五岁的贵族子弟，最晚可以读到十八岁，相当于今天的小、初、高结合体。周朝的大学一共有五所，最好的大学名为"辟雍"。后世历代王朝，最高学府的中心建筑也都叫辟雍，辟雍成了古代最高等学校的代名词。小学和大学教授的科目差不多，只是难度上有所区别。主要科目有礼仪、乐舞、射箭、驾车、书法、计算，即"礼、乐、射、御、书、数"，统称为六艺。看得出来，周朝的教育内容是多方面的，文化课的比重只占一半。在都城周围的郊区，周朝还设有地方官学，称为"乡学"。后世，乡学泛指地方上开办的学校。乡学主要招收地方上的贵族子弟，优秀的平民阶层也可进入，但数量极少。在乡学表现优异的学生，经过地方官的考核和推荐，可以进入都城里的国学学习，但难度很大。周朝以后，历代王朝都设立官学。汉朝时，中央最高级别的官学称为太学。隋唐时，又在太学之上设立了国子监，既是中央官学，又是教育管理机构。

古代的官学一般是不收学费的，但学生入学要向教师进"束脩"，相当于拜师礼。唐朝的束脩交绢布，宋朝的束脩交钱。束脩礼更多是尊师重教的象征意义，所以价格并不高。《宋会要》记载宋朝的束脩钱为两千钱，约合现在的一千多块钱吧。不收学费，官学的经费从哪来呢？主要是靠政府拨款，还有民间士绅商人的捐赠。宋朝时，由于官学学生数量太多，光靠拨款和捐赠已难以维持官学开支。于是，宋朝开创了一种"学田"制度。所谓学田制，就是国家拨给学校或者学校自行购置一定数量的土地，作为学校的固定资产并租给附近的农民耕种，所获得的收益就可以用作官学的开支。学田制保证了官学的经费来源，为后世王朝所延续。

古代的官学不仅不咋收钱，还有补助发放。比如在宋仁宗时期，太学里的内舍生每人每天有十文钱的伙食补助。这里的"内舍生"，指的是学习中等的学生，学习最优的称为"上舍生"，剩下的称为"外舍生"。后来，王安石变法推行教育改革，太学生的补助大幅度提高。上舍生、内舍生的补助增至每月一千三百文，外舍生也有一千二百四十文。南宋初年，太学生无论何种等级，都可以每月领到三千零八十文的补助。但南宋初年的米价也比较贵，一般来说，太学生的每月补助金额相当于一石米的价格，大约够吃两个月。

当然，在古代能上官学也是很不容易的。最初，官学只招收官员和贵族子弟。唐宋之际，官学才开始向平民子弟敞开大门，但得是学习特别好的才俊。古代官学的待遇，有点类似于20世纪90年代之前的中国大学。那时候读大学，几乎没有学费，还有补助，毕业还包分配工作。

需要注意的一个现象是，古代的官学也会收一些自费生。比如汉朝的中央太学有两类学生："正式生"和"特别生"。正式生由中央直接选拔入学，属于公费生，政府还发补助；特别生由地方选送到太学，属于自费生，尽管也不需要交学费，但没有补助，食宿费用需要自理。所以，太学中有些贫寒的子弟，需要一边学习一边打工，就跟今天的勤工俭学类似。

接下来我们再看看古代私学的费用。

私学兴起于春秋，属于私立学校。孔子是私学的开创者之一，他提出"有教无类"的教育思想，给了普通大众上学受教育的机会。私学的老师不是政府官员，国家财政也不支付其工资，其收入来源靠雇主支付或直接收费于学生。孔子定的学费标准是"十条束脩"，束脩就是肉干，类似今天的腊肉，后世也因此称学费为"束脩钱"。十条束脩，说贵不贵，说便宜也不便宜，因为那个时代吃肉还是不容易的。

汉朝以后，私学愈加兴盛，运营模式也成熟起来，经费来源也趋于多样化。有地方士绅的捐赠，有宗族内部族产的拨款，还有政府的补助，个人缴纳的学费并不高，普通家庭也能承受得起。比如《全宋文》记载："又有负担之夫，微乎微者……尚每日那一二钱，令厥子入市学，谓之学课。"一个干苦力的父亲，每天省下一二钱，也要让孩子上学。可见，宋代的教育已经普及贫民阶层。明清时期，一个学生读私塾的费用一般为每年八十斤到一百二十斤小麦。这个数量，当时半亩地的产出就足够了。清朝人口剧增以前,一户中等自耕农的家里大约能有五亩地。这样算下来,一个学生的上学费用约占到全家年收入的十分之一。还有一则史料,说19世纪苏州的义庄给予族人子弟就学方面的资助是每年给束脩银三两。同时期,江南地区普通农户的年收入大约为六十五两。综合而言,古代的学费真不算贵。古代学费虽然不算贵,但是能够入学并完成全部学业的人毕竟是少数,凡事都有两面性。

60 古人上学累吗?

中国自古就是一个重视教育的国度,这也是我们的文明能够生生不息的原因之一。那古人上学累吗?咱们就来考察一下。

汉朝时的中央官学是太学,其教学制度并不是很严格。没有规定毕业年限,也不注意考勤,上课和学习都比较随意。但太学非常注重考试,用考试的方法督促学生自主学习。这一点跟今天西方的大学比较像,学校不重视日常考勤,鼓励学生自主学习,在考试上见分晓。汉朝太学的考试是一年一次,也叫"岁试"。岁试的考试方式叫"设科射策"。考试前,考官将写有考题的竹简根据难易程度分为两科,学生根据自己的水平选择一科,然后进行抽签选题。经过岁试,成绩好的可以授官,成绩不好的勒令退学,成绩一般的就继续留在太学读书。这么看来,汉朝人读书完全靠自觉,具体累不累要看个人。

到了唐朝，中央官学的模式大体上与汉朝类似，但考试的频率大幅度提高。唐朝的考试有旬考、月考、季考、岁考等诸多名目。今天的中学生也有周考、月考、期中期末考、模拟考等，真可谓"古风犹存"。另外，唐朝有严格的劝退制度，连续三年考试不合格，在校九年未毕业，旷课太多等情况都会被勒令退学。考试多，规矩多，所以唐朝学生真心比较累。"田假"和"授衣假"一次休十五天：田假在农历五月，让你回家帮助干农活；授衣假在农历九月，让你回家准备冬季衣物。"田假"和"授衣假"类似今天的寒暑假。

隋唐时建立了科举制，极大地加重了古代学生的学业负担。为了考科举，学生们都是日夜苦读。所以，唐朝之后的学生上学只会更累。

官学如此之累，私学会好一些吗？古代的私学没有统一的教学制度，各类私塾、书院都是自行安排作息时间。至于累不累，那就得看每所学校的具体情况了。有的学校会好一些，比如清代诗人高鼎在《村居》一诗中就写道："儿童散学归来早，忙趁东风放纸鸢。"纸鸢就是风筝，学生放学了还能有时间放风筝，这说明放学真的很早，作业也不多。有的学校就很累，同样是清代，学者蒋丹林制定过一部《义学规条》，规定："凡馆中子弟，自清晨来学，至酉刻散学。"清晨大概是早上六点，酉刻是晚上五点到七点。一天在校时间十二小时左右，即便拿到今天，也是很长了。这还不算完,古人放学后的作业还很多。明清时期的科举考试需要熟读儒家经典文献,所以大家放学后还得继续背书。必背的"四书"即《大学》《论语》《中庸》《孟子》,总共有十七万多字,这可不是今天背几首古诗和几篇文言文能比的。明代文人谢肇淛有"夜读书不可过子时"的名言,子时是现在的晚上十一点到次日凌晨一点,说明那个时候读书到凌晨是比较常见的,所以才会有这种劝告。石成金在《学堂条约》里面还规定了读书的方法:读一本书,要在限定的日期内读完,并且梳理背熟,一字不错后才能读下一本。看到没有?古人说的读书,可能不是只读一下,而是要背下来!

要说古代上学最累的群体,还得是清朝的皇子。清代史学家赵翼曾大发感叹:"本朝家法之严,即皇子读书一事,已迥绝千古。"清朝皇子六岁即入学,十五岁封爵后方可毕业。清朝皇子的上课地点一般在紫禁城内的尚书房,就在皇帝居住的乾清宫对面。设置在这里,是因为"近在禁御,以便上稽查也"。说不定啥时候皇帝就过来溜达一趟,像极了现在学校里的校长巡视。皇子居住地是紫禁城北边御花园附近的皇子所,这里离尚书房距离可不近,所以皇子们天不亮就要赶路上学了,比上朝的大臣还要早。因为他们要比老师早到一个小时,温习前一天的内容,类似今天的早自习。皇子们每天的课业也非常繁重。早上五点就要开始上第一节课,学习满语和蒙古语,有时还要选修一些藏语和维吾尔语。第二节课是汉文课,类似今天的语文和历史,不但要学儒家经典著作,还要学

《史记》《汉书》等史书以及本朝先辈的创业史、先帝留下的圣训。这节课时间最长,要从早上七点多到下午三点前后。最后是体育课,要学骑马和射箭,下午五点才能放学。每天上学期间除了吃饭时间只能休息两次,每次十五分钟。更为恐怖的是,他们没有周末,没有寒暑假,一年当中只有五天能够休息——春节、端午、中秋、皇帝生日和自己生日。即便是大年三十那天,也只是提前放学而已。这种严苛的教学模式使清朝皇帝的文化素养都很高,所以,别以为生在皇家就能一辈子吃喝玩乐,在清朝当皇子可没那么容易!

61 古代女子能上学吗？

我国古代有许多文化水平超群的才女，例如"古代四大才女"——卓文君、班昭（一说为上官婉儿）、蔡文姬、李清照。古代没有男女平权的概念，女子的受教育权不受重视，才女是如何学到这么多知识的呢？古代女子的受教育情况是怎样的呢？这一篇咱们就来探讨一下这个话题。

我国古代是典型的男权社会，女子的社会活动一直受到限制。在这一社会背景下，女子教育与男子教育是分开的，形成了我国古代独特的"女教"模式。《礼记·内则》中对男女教育分别作了详细明确的规定，男子可以"出就外傅，居宿于外"，也就是能外出求学，以便学到更多的知识；女子则要"十年不出，姆教婉娩听从，执麻枲，治丝茧，织纴组紃，学女事以共衣服"。可以看出，女子是没机会到外面读书的，只能在家跟女教师学习，内容多是针

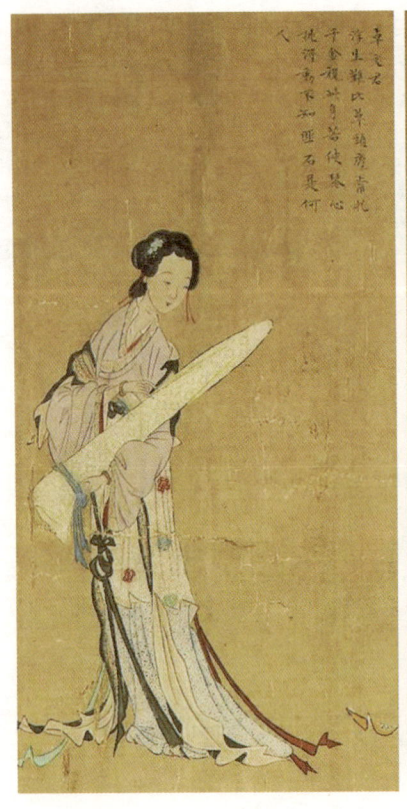

△ 卓文君（出自《百美图》手卷）　△ 班昭（出自《百美图》手卷）

线、纺织、刺绣等手工劳动课。尽管古代的"女教课程标准"是这样要求的，但在现实生活中，女子教育的内容还是颇为丰富的。

家庭教育是女教的起步。对古代女子来说，母亲是自己的第一任老师。唐朝女子教育的书籍《女论语》中就写道："训诲之权，亦在于母。"很多古代的文献也记载了母亲教授女儿知识的情

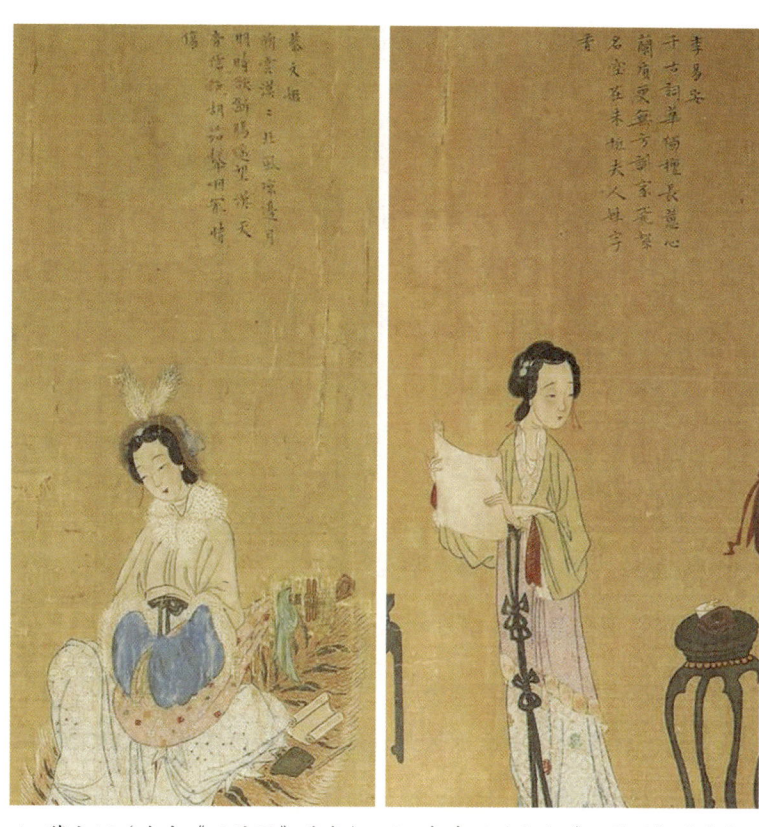

△ 蔡文姬（出自《百美图》手卷） △ 李清照（出自《百美图》手卷）

形，如明朝女诗人桑贞白在其诗集《香奁诗草》的自跋中写道："幼荷严母庭诲，日究女训列传经史，以明古今。"古代男子择偶往往倾向于德才兼备的女子。李清照的母亲就出身于书香门第，其祖父是宋仁宗天圣八年（1030年）的状元。

除了父母教育，有钱人家还会为女儿聘请家庭教师。古代流行"姆教",这里的"姆"不是保姆,而是指家庭女教师。《说文解字》解释:"姆(同'姆'),女师也。"姆的选择也是有标准的,要选"年五十无子,出而不复嫁,能以妇道教人者"。家庭女教师不光要有较高的道德水准,年龄上还要在五十岁以上,不能有改嫁经历。古代女子也有家庭男教师,多会选择年龄偏大一些的中年大叔,一是大叔成熟稳重知识多,二是避免发生师生恋。《牡丹亭》中,杜丽娘的家庭男教师就是一个死板的老学究;《红楼梦》里的贾雨村,也是因给林黛玉做家庭教师而攀附上了贾家。

那古代的女子教育都教些啥呢?

首先是道德教育,给女子讲"三从""四德",配合使用《女论语》《女孝经》《女诫》《列女传》等女教教材。所谓"三从",即"未嫁从父,既嫁从夫,夫死从子",就是要让女子听话顺从。所谓"四德",是指妇德、妇言、妇容、妇功四项标准:妇德的核心是"贞顺",即贞洁和顺从;妇言,就是要说话得体;妇容,就是要干净端庄,不能妖艳;妇功,就是要学会一些劳动技能。

其次是文化教育,学习文史知识。士大夫家庭的女儿要读大量的文史著作,还要学会写文章。唐朝的墓志铭中就有很多相关记载,如一位崔氏女子就被称赞"善笔札,读书通古今",而另一位周氏女子则"独喜图史,好为文章,日夜不倦,如学士大夫",等

△ 古代女子读书（出自《仕女图册》）

等。另外，大户人家的女儿还要学作诗填词，唐宋时期众多的女诗人、女词人就是这样培养出来的。《红楼梦》里也有此类教育的体现，如林黛玉和薛宝钗的文学创作能力就丝毫不逊色于男子，从"海棠诗社"的咏诗中便可知一二。

最后，古代的女子教育还会传授一些"女子职业技能"。例如胎教方法，教女子如何在未来做一个合格的母亲。诸如《双节堂庸训》等女教书籍就教育女子要树立正确的婚恋观，要选择德才兼备的男子，不可以只看钱财，要选厚德之家。还会进行婚姻普法教育，告诉你休妻的"七出"和"三不去"，帮你今后规避此类风险。另外，母亲还会传授一些独家秘籍，比如教你做女性用品"月事带"。总体来说，古代的女子教育内容广泛，但以德育为主，首要目的是把女子培养成贤内助。文化教育和技能教育，则被看作应付日常家务和女德教育的辅助手段。

那古代的女子到底能不能上学？答案是能。古代女子不仅有家庭教育，还有社会教育。大户人家的私塾，可以让女童入学，男女同塾的模式在明清并不少见。在明朝嘉靖年间，有官员还提出开办女塾的设想，但最终未能实现。清朝建立后，女塾出现并在全国推广。

古代还有一种特殊的女子艺术学校，这就是唐宋时期的教坊。教坊专门教授女子学习音乐、舞蹈、杂技等技能，学员学成后从事官方的演艺事业。宋朝的教坊还培训出了"女团"，被称为"女弟子队"。著名的有菩萨蛮队、感化乐队、抛球乐队、佳人剪牡丹队、采莲队等。以今人的审美看，这些女团的名字似乎有点土。然而在一千年前，这可是最时尚的娱乐团体。

62 古代学生都学些什么？

中国人自古就重视读书和教育，"书中自有黄金屋，书中自有颜如玉"。古代学生的教科书都有哪些呢？他们的读书顺序又是怎样的呢？这一篇咱们就来捋一捋。

古人读书和上学也讲究循序渐进，也分学制阶段。根据《汉书·食货志》记载，汉朝的学制分为"小学"和"大学"两个阶段。与今天不同，当时读小学的年龄是八岁至十五岁，相当于今天的义务教育阶段，学习基础文化知识和基本礼仪规范。读大学的年龄则是十五岁以上，相当于今天的高等教育阶段，"学先圣礼乐，而知朝廷君臣之礼"。

古代的小学又称蒙学，入学称为"开蒙"，学生称为"蒙童"。蒙童刚入学时，要先学识字和写字。今人教儿童识字时会用到"识字卡片"，这种教具在古代也有。古代老师会裁剪出一些四五厘米见方的纸片，纸片的正面写上一个字，背面再写上另一个与之同音的字，比如"文"和"闻"、"张"和"章"，以此让学生辨认与识记。教识字的时候，老师会根据学生的认知能力安排教学进度，不会一味地求快、求多。一般情况下，蒙童一天所学在十字之内，三五字也可。识字的同时，也要试着学写字。在宋代有"蒙学教育大纲"之称的《事林广记·幼学类》记录了古代蒙童学写字的情况：

写字，不得惜纸，须令大写，长后写得大字；若写小字，则拘定手腕，长后稍大字，则写不得。予亲有此弊也。写字时，先写"上大"二字，一日不得过两字，字字端正，方可换字。

可以看出，古代蒙童在识字阶段，写的字都比较大，这样便于孩子掌握字的间架结构；而且每天最多学写两个字，直到写好了才可以再换两个字。那么，最先学写哪些字呢？唐朝开始，写字都是从"上大人"篇开始的，即上段材料中提及的"上大"。这是由一些笔画简单的文字组成的短篇小文，内容为"上大人，丘（孔）乙己，化三千，七十士，尔小生，八九子，佳作仁，可知礼也"。古代读书人的教育都是从"上大人"开始的，就像今人读书先学拼音一样，因此形成了上千年的文化记忆。鲁迅小说中的"孔乙己"，其名字就来源于此。直到今天，湘鄂渝地区还有叫"上大人"的纸牌游戏。

会识字、写字后，就要开始读书了。最先读的启蒙教材是"三百千"，即《三字经》《百家姓》《千字文》。"三百千"的内容十分丰富，包含常识、历史、文学、地理、音韵、道德伦理等诸多方面，既可以提高蒙童识字的效率，也可以积累一些文化常识，为今后的学习打下基础。除了"三百千"以外，古代的启蒙教材还有百科类的《小学绀珠》、常识类的《名物蒙求》、成语和典故类的《幼学琼林》《龙文鞭影》等。清朝还出现了朗朗上口的歌谣类教材《幼学歌》，里面还有我们现在也颇为常见的"历史朝代歌"：夏商周秦西东汉，三国两晋南北朝；隋唐五代又十国，辽宋夏金元明清。

读完启蒙教材后，就要读儒家经典的"四书"、"五经"和其他诸子百家了。在科举盛行的年代，这些教材才是读书人的"主菜"。古代读书人从小学的后半段一直到大学，甚至终其一生，都要学习这些教材。

第一轮先读"四书"，相当于今天的主科"语、数、外"，是必修课。按照朱熹由浅入深的要求，四书的学习顺序为《大学》《论语》《孟子》《中庸》。《大学》的内容相对简单，讲为人、为学的基本道理；《论语》可以给学习生涯立根本，儒家的主旨要义都在其中；《孟子》则能激发读书人的昂扬斗志，养浩然之气，属于价值观教育；《中庸》讲精微奥义，需要深入思考，是最难学的教材，所以放到最后。

第二轮是读"五经"，学《诗经》《尚书》《礼记》《周易》《春秋》五部教材，建设更高阶的世界观。五经要比四书复杂得多，一个人很难精通五经的全部，所以古代读书人往往专治一经至二经，即选择一到两门作为自己的主业，能精通一经就已经是大师了，比如秦汉的伏生专治《尚书》，东汉郑玄专注《诗经》。汉朝的最高学府太学，设有五经博士，每一位博士只专研一经，相当于今天的大学教授。但古代也有牛人，比如东汉的许慎，据说能治五经，相当于今人拿了五个博士学位，属于"学神"级别。

第三轮读史书和诸子百家。史书虽以官修史书为主，但最经典的"前四史"即《史记》《汉书》《后汉书》《三国志》仍是必读书。司马光编写的《资治通鉴》也是必读书。诸子百家的书籍更像今天的选修科目，古人读书时有专门的教辅书籍吗？当然有。比如读四书不能只读原文，还要连带着历代儒学大师的注解一起读，如朱熹所撰《四书章句集注》就是读书人案头必备教辅，相当于古代的"科举教材全解"。古代还有讲科举应试技巧的教辅书，称为"房选"书籍。明人艾南英就专攻八股文的写作技巧，选定高分范文并附上点评和技巧总结，出版成书，大受考生欢迎。

捋完了古代的学生教材，大家是否有种活在当下的庆幸？不过，可能也有人会喜欢古代的教材。尽管数量多了些，但至少没有数学和英语！

63 古代如何参加科举考试?

科举制自隋朝创立以来,一直是古代知识分子进入仕途和实现理想的阶梯。文学作品里有很多古代文人进京赶考的故事,常常伴随着人生的大起大落。那科举考试到底有什么样的流程?进京赶考又有怎样的操作方式?这一篇我们就以明清两朝的科举考试为例,真实还原古人"进京赶考"的全过程!

很多人将今天的高考类比为古代的科举考试,这种类比并不十分恰当。尽管二者都是考试,但其目的性还是有很大区别的。今天的高考是为了获得高等教育的资格,古代的科举考试则是为了获得做官的资格。所以从考试目的的角度看,古代的科举考试更像今天的公务员考试。但从参加规模和社会影响力的角度看,科举考试和今天的高考又很像,都备受全国瞩目。因此,高考的规模和公务员考试的目的合二为一,就更像古代的科举考试了。

所谓的进京赶考，是指到京城去参加会试和殿试，这已经是科举考试后半段的内容了。在进京赶考之前，科举考试还有若干次的资格考试和初级考试。

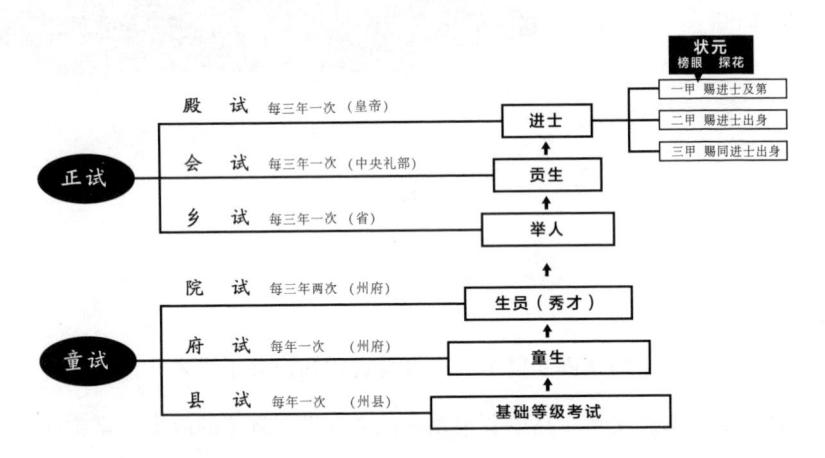

```
                                                           状元
                                                         榜眼  探花
                                                    ┌── 一甲 赐进士及第
       ┌ 殿  试  每三年一次（皇帝）      ─── 进士 ──┼── 二甲 赐进士出身
       │                                        ↑      └── 三甲 赐同进士出身
 正试 ─┼ 会  试  每三年一次（中央礼部）  ─── 贡生
       │                                        ↑
       └ 乡  试  每三年一次（省）        ─── 举人
                                                ↑
       ┌ 院  试  每三年两次（州府）      ─── 生员（秀才）
       │                                        ↑
 童试 ─┼ 府  试  每年一次（州府）        ─── 童生
       │                                        ↑
       └ 县  试  每年一次（州县）        ─── 基础等级考试
```

△ 明清科举流程图

正式科举考试之前，考生必须先通过资格考试。这种资格考试被称为"童试"，童试之后才有资格参加科举考试的"正试"。童试要经过三个级别的考试，分别是"县试""府试""院试"。县试是古代读书人参加的第一次官方考试，考试地点为其所在县，一般由知县（相当于县长）主持。县试一般在每年的农历二月举行。考前一个月，县衙会公告具体考试日期。考生需要提前报名，报名时要提交三份证明材料——"亲供""互结""具结"。亲供相当于今天的考生基本信息表，包含本人姓名、年龄、籍贯、体格、容貌特征和曾祖父母、祖父母、父母三代姓名履历，以确保你家是良民世家。所谓互结，是指考生要找一同参考的五位考生写一份承诺书，承诺如一人作弊则五人连坐，这是古代科举防止作弊的无奈手段。所谓具结，是请本县廪生（优等秀才）提供"认保"材料，证明考生不冒籍、不匿丧、不替身、不假名，而且出身清白，不是娼优或皂吏的子孙，本人也未从事过"贱业"。这一环节类似今天的政审。县试一般考五场，分别考八股文、试帖诗、经论、律赋、策论等。鲁迅就曾经参加过晚清的县试。据鲁迅弟弟周作人日记记载，鲁迅当年在五百多名考生中排名第一百三十七名，但在县试后没再参加府试，而是去了南京矿路学堂改读新式学校。

县试合格者将参加第二级资格考试，叫作府试。府试一般在每年的农历四月举行，考试地点在府城，相当于今天的市。府试一般由知府（相当于市长）主持，连续考三场。府试又合格的考生，被称为"童生"。尽管童生这个名字看着很年轻，但很多读书人一辈子连童生都很难考过。年纪小的童生可能十二三岁，年纪大的，六七十岁的童生也不少，甚至在有些家里，爷爷和孙子可能都是童生。

府试合格的童生，接下来要参加"童试"的最后一级考试——"院试"。院试每三年举行两次，每次连续考两场。院试的主持者是每省的学政。学政是每省主管官学和院试的官员，其职能相当于一省的教育厅厅长。但与一般省官不同，学政由皇帝直接从中央委派到地方，其性质类似钦差大臣，级别和地位都很高。学政任期三年，任期内依次到每省下辖的府或州主持院试。

院试通过了，考生的身份就不再是童生了，而是"生员"，俗称"秀才"。秀才的社会地位比普通百姓高，并享有一些特权。比如见了知县不用下跪，还不需要服国家的差役和徭役。另外，秀才还有资格进入官学上学，成绩最好的被称为"廪生"，还可以按月获得国家发放的粮米。考中秀才已经很不容易，按照鲁迅参加的那次县试的人数计算，五百余名考生最后录取了四十名秀才，比例不高于8%。

虽说秀才已经有了一定的社会地位，但因秀才数量众多，在社会上也并不算稀罕。而且秀才还没有资格出任官员，在"官本位"的中国古代，也没人把秀才太当回事，顶多是敬重。在《儒林外史》里，范进考中秀才的时候，他岳父胡屠户还奚落他"尖嘴猴腮"，丝毫不把他放在眼里。但当范进考中举人之后，胡屠户就马上变脸了，低三下四地称范进为"贤婿老爷"。这前后变化的原因来自秀才和举人身份的悬殊。那秀才如何变成举人呢？答案是接着考。

考中秀才之后，考生就有资格参加科举考试的正试了。正试也分三个级别，分别是乡试、会试、殿试。

乡试每三年举行一次，一般在天干地支纪年中的子、卯、午、酉年举行。由于考试时间多在农历八月，正值秋季，所以乡试又称

"秋闱"。主考官一般由进士出身的在京翰林或部院的官员担任。考试地一般在省城，有专门的考场，叫作贡院。乡试共考三场，初九、十二、十五日各一场，每场考一天。发榜在九月，正值桂花开放，所以又称为"桂榜"。通过乡试后，考生的身份就从秀才变成了举人。

成为举人之后，就意味着脱离了民众阶层，正式进入了"士"。这个阶层的人，可以做官了。举人不光免役，而且还免税。所以，很多拥有土地的人想将自己的土地放在举人的名下，用此方式来逃避国家税收。另外，地方官府不能对举人用刑，即使犯了重罪，也得上报朝廷革去举人头衔后才能用刑。当然，举人的录取率也是很低的。有学者统计过：明朝应天府的乡试录取率为7.26%；清朝人口剧增，乡试的录取率更是低到了1.68%。如果按照鲁迅那次童试秀才录取率8%的比例综合计算，一个读书人从第一次县试算起，到乡试考中举人，其成功率最多不过0.6%！2015年清华、北大在北京的录取率为0.8%左右，考举人比这还难，怪不得范进中举之后会高兴得疯掉！

考中了举人，考生还不能忙着高兴，得马上准备乡试之后的会试。会试一般在乡试之后第二年的农历三月举行，时值春季，所以又叫"春闱"。会试由礼部主持，主考官由皇帝钦定。会试的考试地点在北京的礼部贡院，大多数举人的生活地距北京路途遥远，一般乡试考完的当年腊月就要启程出发，开始真正的"进京赶考"。

举人们进京赶考,需要路费盘缠,这些国家会替他们准备好。清朝顺治年间,参加会试的举人会得到国家给予的路费补助,视路途远近,每人十到二十两不等。顺治年间银子的购买力高于康熙乾隆时期,这笔银子的购买力得合今天的人民币一两万元。另外,同乡的乡绅地主也会资助路费,一来是对文化的重视,二来是为了结交今后前途无量的官绅阶层。与路费同时发放的,还有官府为举人准备好的路引。在明朝,出行百里以上就得有官府开具的路引。在专制时代,没有路引私自外出的人,一旦被发现就会按律治罪。

举人在出发前还可以到官府领取一面火牌。火牌是使用沿途驿站的凭证,古代的驿站只为官府服务,民众无权使用。但举人进京赶考持有火牌,到沿途驿站就可以使用役夫三名,驿站没有役夫时还会折现给举人银子。举人进京赶考所乘坐的车叫作公车,公车上插有一面黄布(黄色为御用颜色)做成的旗帜,旗上书写"奉旨会试"或"礼部会试"四个大字,十分威风。看到这面旗帜,沿途所有关卡必须无条件放行,而且不得收取任何过路费。沿路的土匪盗贼看到了这面旗帜也会敬而远之——倒不是说土匪也重视文化,而是抢劫举人根本就抢不到几个钱,且风险极大,因为官府对抢劫进京赶考举人的惩处非常严厉,毕竟人家是"奉旨考试"。

举人还可以利用自己的特权赚些路费。比如商人会在行商路上带上一位举人,利用举人免税的特权逃避沿路税费。举人在路上不光吃喝免费,最后还会分到一些钱。还有的举人利用自己的特权打起了歪主意,夹带违禁货品来赚钱。光绪年间有位云南新平的举人,进京路上私带鸦片沿途售卖,共得银三四百两。这些都是举人里的贪财之辈,终究是少数。

那到了北京,举人们住在哪里呢?有亲友的投靠亲友,没亲友的可以住在客栈,更多的则住进了"会馆"。所谓会馆,类似今天各地在北京设立的驻京办事处,主要用来招待老家来京公干的官员或赶考的举人。大部分举人一进京就直奔本省会馆,这里既安全又方便,伙食也合家乡口味。因为会馆里经常住一些来京候命的地方官员,所以会馆还是举人们了解官场、结交人脉的名利场。

在会馆居住、复习一段时间后,就要迎来礼部会试了。会试分三场举行,一场考三天,所以要自备饭食和油灯。考试的时候,一人一个考棚,一个考棚只能容下一张桌子,其空间类似今天厕所一个蹲位那么大。会试的过程是非常辛苦熬人的。参加会试的举人,都已经是各省读书人中的佼佼者、大浪淘沙后的胜利者了,但会试这关仍要残酷地淘汰掉大多数人。以明朝万历五年(1577年)的会试为例:四千五百余人参加考试,最终仅录取了三百人。

会试后的录取者被称为贡生,从字面理解,是贡给天子的学生。成为贡生后的一个月,考生就要参加科举考试的终极考试——殿试。殿试由皇帝亲自主持,清朝殿试的考场在紫禁城的太和殿,乾隆后改为保和殿。殿试只考一天，考完后由皇帝钦点的阅卷官阅卷。阅卷时，每名阅卷官要阅览全部试卷，并在试卷上画代表等第的五种符号，最高等第的符号是圈。最后，选出十张画圈最多的试卷，交由皇帝亲自审阅并选出前三名。

最后就是放榜公布成绩了。所有考生按照成绩高低分为三等，分别为"一甲""二甲""三甲"。一甲就三个人，是皇帝钦点的，第一名称状元，第二名称榜眼，第三名称探花。二甲有一百多人，三甲也有一百多人。看到这里，大家也看出来了，殿试是没有淘汰机制的，只是一个排位赛。也就是说，所有参加殿试的贡生都

△ 考生观看录取榜单（出自仇英《观榜图》）

会通过考试成为进士。区别仅在于进士的级别不同，一甲叫作"进士及第"，二甲叫作"进士出身"，三甲叫作"同进士出身"，其实都是进士。

考中进士后，仕途之路便正式开始了。明清两朝，考中进士后的出路一般有三种。最优出路是进翰林院，翰林院里高官云集，也是高官的培养地。进了翰林院就相当于今天进中央党校进修，前途无量。状元一般授官翰林院修撰，榜眼和探花授官翰林院编修，分别为从六品和正七品，相当于今天的处级干部。二甲中一些成绩好的，也会进翰林院，担任庶吉士。庶吉士并非正式官职，相当于实习生，在翰林院跟高官学习为官之道。进士的最优出路是留在北京到朝廷各部门做官，即做京官。明清时期官场有个说法："人中进士，上者期翰林，次期给事，次期御史，又次期主事。"翰林是最佳选择，去不了翰林院也要到中央各部任职。进士最差的出路就是到地方任职，一般从知县这个级别做起。也就是说，考中了进士，最差也能当个县长。

以上就是以明清为例的科举考试全套流程。看完是不是心潮澎湃，也想穿越回去考个进士？但要做好心理准备，考进士没那么简单，也许你考到八十岁都考不中。清朝时山东就有个叫王服经的进士，考中那年已经八十四岁。清朝江苏还有个名叫王岩的读书人，八十六岁通过会试，还没来得及参加殿试就去世了。这两位读书人真正做到了"活到老考到老"！

64 古代的"八股文"真的一无是处吗？

新文化运动时期，知识界对八股文进行了全面而彻底的批判，广大民众因此对八股文有着恶劣的印象。直至今天，一提到八股文，国人常常咬牙切齿，认为它是中华文明进步的障碍，极大束缚了古代知识分子的思想。那么，八股文到底长什么样？它真的有那么大的害处吗？

八股文是科举考试用的特殊文体，其雏形始于宋朝。唐朝的科举考试，主要有文学和经书两大内容。文学考诗词歌赋，对治国理政没有什么大用处。就像李白，诗写得绝好，但当官却很失败。经书考儒家经典，比较实用，分为明经和经义两种模式：明经考默写，死记硬背就够了；经义则考查考生对儒家经典的理解。北宋时，王安石废除了诗词歌赋与明经诸科，科举专考经义。考试方式也比较简单，出题人给一个题目，让考生依据儒家思想写一篇议论文。为了防止考生长篇大论而不得要领，又要求文章不超过五百字。后来，考生摸索出一套高分文章套路——要分多个固定段落，还要频繁使用对偶排比句。这种文章就是八股文的雏形。到了明朝，朱元璋规定八股文为科举考试的首要文体。明朝成化年间，八股文的具体格式正式定型。

那么，古代统治者为何中意八股文呢？因为这种文体格式固定，容易看懂和阅卷，还能很好地考查写作能力。科举考试是一种选官制度，目的是为皇帝选拔官员。皇权专制社会下，官员只要做好执行与汇报工作就足够，不需要有太强的创新能力。因此，朝廷对官员的公文阅读和写作能力要求极高，尤其是写作。呈给上级的公文一定要言简意赅且条理清晰，否则上级会"很头疼"。

明朝初年，朱元璋为了广开言路而让官员提建议。有一个叫茹太素的官员，写了一篇一万七千余字的奏章。朱元璋对这种长文很是恐惧，便让身边的中书郎读给他听。可是，这篇奏章的大部分内容都是用作铺垫的废话，朱元璋听着听着就打起了盹儿。睡醒后，中书郎还在读，朱元璋就怒问道："还有多少字？"中书郎回答："还有五百字。"这可把朱元璋气坏了，盛怒之下，派人把茹太素揍了一顿——让你不说人话！第二天，气消了的朱元璋又想起了这篇奏章，就让中书郎接着念最后的五百字。这回朱元璋终于听明白了，奏章最后有五条建议，其中四条非常有道理，最后还被朱元璋采纳了。可怜的茹太素，提了好建议，结果还被打，只怪他文章写得太啰唆。如果茹太素写的是八股文，他一定不会挨打。接下来，我们就说说八股文具体长什么样。

八股文分为八个固定部分，分别是破题、承题、起讲、入手、起股、中股、后股、束股。

第一部分是"破题"，所谓"破"，是"破译"的意思，是对题目进行解释。破题只能用两句话，要构思巧妙，既要与题目呼应，还不能直接翻译题目。举个范例，如果题目是"子曰"二字，经典的破题为："匹夫而为万世师，一言而为天下法。"第一句解释了"子"，即孔子，第二句解释了"曰"。两句话融会贯通，点破题目，巧妙绝伦。接下来的"承题"部分，是对题目作进一步说明，还要呼应文章的破题部分，一般只用三句话。第三部分是"起讲"，作用是承上启下，属于过渡语句。破题、承题、起讲三部分，合起来称"冒子"，组成了文章的开头部分。

第四部分入手，是议论的开始。从"起股"到"束股"的最后四个部分，是文章的核心。每部分都要有两股排比、对偶的文字，共为八股，因此得名八股文。明朝的王阳明，写过一篇经典八股文，其"起股"部分为："夫所谓志士者，以身负纲常之重，而志虑之高洁，每思有以植天下之大闲；所谓仁人者，以身会天德之全，而心体之光明，必欲有以贞天下之大节。"从其排比和议论，可见八股文法之大概。

八股文写作既要有文采，还要有逻辑，这很考查思维能力。一个人能写好八股文，那这个人的思维能力一定不会差。那么，近代以来人们为什么还批判八股文呢？因为古代统治者将八股文极端化了。

首先，统治者规定八股文的题目只能从四书五经中出题，将知识分子的思想都限制在儒家思想中。言论自由是文明进步的阶梯，百家争鸣是思想创新的基础。只研究儒家思想会造成思想凝滞，这就好比读史能使人明智，但若让所有人都只读历史，那这个社会一定不会进步。

更糟糕的是，即便研究儒家思想，八股文也不允许考生发表个人见解，不允许有创新，更不允许有批判性的内容。统治者要求的八股文，是要考生代圣人立言。考生要揣摩儒家圣人的想法，然后引经据典，进一步阐述圣人已有的观点。更可笑的是，这些思想也并非圣人原本的思想，而是经统治者改造的圣人思想——实质上就是统治者自己的思想。就这样，八股文成了统治者改造知识分子的手段。

言论自由与批判性思维是社会文明进步的基石，而这二者恰恰是八股文最为压制的对象。八股文之害，并非在于八股文文体本身的错误，而在于统治者利用其束缚住了广大知识分子的思想，祸根乃两千多年的皇权专制思想。

65
古人有身份证吗？

身份证是今天国人证明自己身份的重要文件，外出办事时必须携带，否则寸步难行。那古人如何证明自己的身份呢？古代也有身份证吗？

古人的确是有"身份证"的，但一般不是每个人都有。在古代，政府官员在执行任务时需要证明自己的身份。所以，古代有"身份证"的大部分都是官员，这种身份证属于职业身份证明。全民持有身份证的制度，似乎只在战国时的秦国出现过，其创立者是商鞅。

战国末期，秦孝公任用商鞅在秦国推行变法。为了控制民众流动，商鞅要求民众出行时必须携带官府颁发的"身份证明"。相传，这种身份证明名曰"照身帖"，由一块打磨光滑的竹板制成，上面刻有持有人的头像及籍贯信息。秦国人必须有照身帖，如若没有便会被认定是黑户或者外籍非法逗留人士。商鞅还规定：民众出行或者投宿旅店时必须携带身份证明，否则关口不可放行，旅店老板亦不得留宿，违者严惩。照身帖可视为中国最早的身份证。

商鞅发明了身份证，最后却因自己的发明作法自毙。商鞅因变法得罪了很多人，在其支持者秦孝公死后，那些憎恨商鞅的人要反攻倒算，商鞅随即果断跑路。然而，因为照身帖的问题，商鞅最终跑路失败。明人余邵鱼的《周朝秘史》对这段故事有详细记载：

> 鞅走至函关，天色将昏，扮为商旅投宿，店主求照身之帖验之。鞅曰："吾无照身帖。"店主曰："吾邦商君之法，不许收留无帖之徒，如有受者，与无帖之人同斩，决不敢留！"

关于"照身帖"的文字记载，多见于后世小说和随笔，我尚未查到可信的史料出处。但从正史可以推断，商鞅变法之后确实有身份证明制度。如司马迁在《史记》中记载："商君亡至关下，欲舍客舍。客人不知其是商君也，曰：'商君之法，舍人无验者坐之。'"这里的"验"，指的就是核验身份证明，至于身份证明是否就叫"照身帖"，暂时还无法确定。

秦朝以后，老百姓就用不到身份证明了，除非他们出远门的时候。但那种身份证明更类似于今天的通行证，是出行的凭证，而不是单单证明身份。一般情况下，只有政府官员在执行任务时需要证明自己的身份,"身份证"也就仅限官员阶层使用了,毕竟他们才是有身份的人。

隋唐时期,官员的身份证是"鱼符"。鱼符起源于隋朝,初为木质,后改用铜质。唐朝时,鱼符推广到一般官员。鱼符的制作材料根据官位品级高低而不同,《唐六典》记载"太子以玉,亲王以金,庶官以铜",以此"明贵贱"。鱼符上刻有官员的姓名、任职部门和官位品级。官员在执行公务或出入皇宫时须出示鱼符,类似于今天的工作证或通行证。鱼符分左右两半,左符放在皇宫内廷,右符由持有人随身携带,这样可以验证鱼符的真伪。鱼符的使用方法类似于先秦时就已有之的虎符,但二者的作用还是有区别的:虎符是用来调兵的证明,相当于今天的调令;而鱼符是官员普遍持有,属于个人的职业身份证明。也有学者认为,唐朝的鱼符就是起源于古代的虎符,只是唐高祖李渊的祖父名叫李虎,为了避讳,不再叫虎符。而唐朝崇拜鲤鱼,以"鲤"喻"李",故而改用鱼符。

今天,如果谁家找了一个有钱有势的女婿,我们常说这家人钓到了"金龟婿"。"金龟婿"这一说法,就是源于唐朝的鱼符制度。根据《唐会要》的记载,武则天之前,唐朝的鱼符是鲤鱼形的。武则天称帝后,怕人们看到鲤鱼会睹物思人想起"李氏"江山,因为"鲤"和"李"同音,遂将鱼符改成了龟形。龟在古代星宿崇拜中代表玄武,和武则天的"武"同音同字。这样,为了避讳,三品以上官员的鱼符就变成了"龟符",于是就有了"金龟婿"的说法。

△ 辽朝契丹文鱼符

唐朝还将鱼符制度推广到了海外，当时番国使者也都会领到唐朝政府发放的符。这种符以雌雄来分，雄符留在唐朝政府，雌符（十二块之多）交给番国来使带回去。该国再有来使，则以雌雄符相合来证明其真实身份。

唐朝时的鱼符还要用专门的袋子来装，这就是"鱼袋"。这种鱼袋制作精美，配饰以金银等物。官员将鱼袋随身佩戴于腰间，既有功能性，又有装饰性。从唐高宗开始，鱼袋成为五品以上官员随身必带之物，是一种身份和地位的象征。在流传下来的唐朝画作和雕刻上，我们还能看到这种鱼袋。

△ 阎立本《步辇图》中禄东赞佩戴的鱼袋

到了宋朝，鱼符制度渐渐被废除，官员的身份证变成了腰牌。明朝的腰牌也叫"牙牌"。牙牌的材质不再局限于金属，还有用象牙、兽骨、木材等材料制作的。明朝的官方牙牌分五种，分别标记为勋、亲、文、武、乐。《明史》记载："牙牌之号五，以察朝参：公、侯、伯曰'勋'，驸马都尉曰'亲'，文官曰'文'，武官曰'武'，教坊司曰'乐'。"明朝时，不仅官员持有牙牌，大户人家的家眷仆从也携带腰牌以表明身份。清朝的腰牌不仅要有姓名、工作、官位等基本信息，还要写上持有人的面部特征以防止别人冒用，已经有点类似于现在的身份证了。

古代还有一些特殊的身份证，用于特殊职业或临时事务。比如和尚的戒牒或度牒，用以证明其和尚身份，方便化斋和从事宗教事务。古代的娼妓也有身份证，以证明自己的正规娼妓身份，方便业务开展。前几年，重庆发现了一枚疑似清代娼妓腰牌的东西，引起了不小的争议。还比如古代商人行商或举人赶考使用的"路引"等物，属于一种临时事务身份证，具有很强的时效性，它更像我国计划经济时代的介绍信。

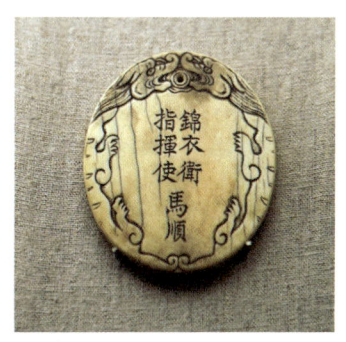

△ 明朝皇城校尉铜牌　　　　△ 锦衣卫指挥使腰牌

中国近代意义上的身份证制度，诞生于民国时期的宁夏。20世纪30年代，宁夏省政府主席马鸿逵大肆搜捕镇压共产党人，并对所辖人口进行登记甄别，遂在宁夏开始推行身份证制度。当时的"居民证"由白布制成，长七厘米，宽三厘米，上面写着持有人的姓名、年龄、籍贯、职业，以及身高、面貌、手纹箕斗形状等个人特征，以这种居民证来甄别"良民"身份。马鸿逵的发明，也算是"以史为鉴"了。

66 古代的社会福利机构怎么样？

社会福利机构主要是对孤儿、孤寡老人等弱势群体提供救助服务的机构。社会福利机构的建立和普及，体现的是人性的关爱和社会的文明进步。尽管中国的社会福利机构是从近代西方传入的，然而在古代，中国的社会福利事业一直走在世界前列。

古代的社会福利事业最初多由民间承担，比如汉朝以来形成的世家大族、宗族组织以及宗教团体等。这些团体会救助身边的弱势群体。佛教传入我国后，寺庙也能承担一些社会救助职能。

到了宋朝，经济繁荣，社会发展，迎来了中国古代文明的巅峰时代，以至于有学者将宋朝视为中国近代之开端。宋朝的城市文明已经有了近代的模样，完整的社会福利体系就是重要证明。可以说，宋朝的社会福利体系在古代社会是空前绝后的。在宋朝的诸多社会福利机构中，代表性的机构有施药局、安济坊、居养院、慈幼局、漏泽园等。

宋朝的施药局为穷苦民众提供医疗服务，不以营利为目的，看病时只收本钱，对于特别贫困的穷人还免费发放药物。

安济坊和居养院是宋徽宗时普及完善的社会救助和养老机构。据《宋史》记载，宋徽宗曾下诏："置安济坊，养民之贫病者，仍令诸郡县并置。"安济坊主要是给患病的穷苦民众提供医疗服务，类似一个免费医院。居养院，主要是针对孤寡老人、穷人、孤儿的居养机构。其中，针对孤寡老人的居养院后来叫作安老坊、安怀坊等，名称不同，性质一样，相当于官办免费养老院。在宋朝，凡是六十岁以上的孤寡老人，都有权利进入居养院。宋徽宗时，大力推广居养院，将收养老人的年龄限制降低到五十岁。宋徽宗的行善意愿很强烈，以至于地方官员执行过头。根据《嘉泰会稽志》记载，当地最奢侈的居养院有三十多间房屋，官府还给配备保姆和用人。这条件，现在欧洲的免费养老院也不一定能赶得上！

慈幼局是专门收养孤儿的机构，相当于今天的儿童福利院。慈幼局的出现，和我国古代的一个陋习有关，这就是"溺婴"。溺婴之风在中国由来已久，指的是孩子出生后大人不想养，就放在水里将其溺亡。古代的溺婴行为多是针对女婴，早在先秦时期就已有之，《韩非子》中就有"产男则相贺，产女则杀之"的记载。宋朝的溺婴行为也很常见，苏轼曾记述："岳、鄂间田野小人，例只养二男一女，过此辄杀之，尤讳养女。"又有"近闻黄州小民贫者生子多不举，初生便于水盆中浸杀之。"古人溺婴的原因主要有三点：一是古代避孕措施欠缺，很多计划外生子不想抚养；二是古代重男轻女观念根深蒂固，生了女孩不想养；三是一些穷苦的人家，经济拮据，生了孩子养不起。针对溺婴这种非人道行为，宋朝设立了"慈幼局"，用官方抚养的办法减少溺婴行为。

至于漏泽园，我们通过名字很难猜到这个机构的功能。实际上，它是一个福利性质的殡葬机构。在宋朝，凡是无主的尸骨或者因家贫无法安葬的死者，都由政府负责安葬，安葬的墓地被称为"漏泽园"。漏泽园的建立，不仅给贫穷的往生者最后的体面，还能有效地改善居住环境和防止疫病流行。

中国台湾经济史家侯家驹将宋朝社会福利评价为"由胎养到祭祀"，堪比今天西方国家"从摇篮到坟墓"的社会福利体系。在宋朝，中国人的生活水准与文明程度远高于世界其他国家，这也是本书开篇说我穿越回古代，一定选宋朝的原因。

谈及宋朝的社会福利，一个有趣的现象是，宋朝的社会福利体系大多是在宋徽宗时期完善的。其中，蔡京所推行的居养院、安济坊和漏泽园制度，无疑是北宋社会救济制度发展的高峰，在中国历史上是空前的，甚至也在元明清三代之上。这就有点讽刺了，因为宋徽宗时代被很多后人认为是宋朝最腐败的时期，蔡京也被认为是大奸臣。按很多人的理解来看，这两位不应该干这么多好事啊！这一问题就是历史学界有名的"蔡京悖论"。明清之际的大学者顾炎武在《日知录》中谈及此问题时就说："漏泽园之设，起于蔡京，不可以其人而废其法。"

对于这一问题，我非常赞同顾炎武的看法。对待历史，我们应该本着实事求是的态度，不应该把人物脸谱化，而是要将历史人物全面还原——有则有之，无则无之，不能简单扣帽子了事，更不能为了我们想要得到的价值观而刻意回避历史真相或制造历史假象。宋徽宗和蔡京是后世人眼中的"庸主佞臣"，但就历史事实来讲，他们对古代社会福利事业所作的贡献并不应因此被否定。

67
古代的孤儿院怎么样？

上一篇我们讲了古代的社会福利机构，这一篇我们将其中很有代表性的儿童福利院详细说一下。

在古代，孤儿的数量还真不少。有些是失去了父母的孤儿，比如战争和饥荒导致的父母双亡或失散。除了失去父母以外，古代还有不少被父母遗弃的孤儿。有的是因为家庭贫苦，无力抚养；有的是因为家中发生变故，无法抚养；还有许多女婴孤儿，是因为古代有严重的重男轻女思想，有的父母生下了女儿就会遗弃。

最初，国家并没有专门的儿童福利院收养这些孤儿，只能鼓励孤儿的亲朋好友或同乡邻里收养。比如春秋时期，管仲在齐国任相，相当于国家总理，他就鼓励民间收养孤儿。根据《管子》一书的记载，管仲推行了"恤孤"政策，具体内容是：孤儿无法自己生活的，就归同乡、熟人或父母故友抚养。收养孤儿的，国家会有补助政策。具体而言，收养一个孤儿的，这个家庭可以有一子免除给国家服役；收养两个的，这个家庭的两子免役；收养三个的，这个家庭全家都免役。国家还设立专门的"掌孤"官员，负责了解孤儿的收养情况，确保他们受到很好的照料，避免孤儿流落街头。

佛教传入我国后，寺庙也成了收养孤儿的场所。很多父母遗弃婴儿，或者是路人捡到了弃婴，都会将其送到寺庙门口。因为佛教追求慈悲胸怀，主张救苦救难，一般都会将孤儿收养在寺庙中。寺院收养孤儿的例子，代表性的是《西游记》里的唐僧。在小说中，唐僧的父亲被贼人杀害，母亲被贼人霸占。母亲怕贼人杀害孩子，就将刚出生的他放到一块木板上，推放到江中，顺江漂走。他漂到一座寺庙附近，恰好一个和尚路过，就将他带回寺庙收养。十八年后，他长大成人，取法名为玄奘。虽然这是小说虚构的故事情节，但也从侧面证实了古代寺院收养孤儿的善行。

除了民间收养孤儿外，我国古代还有官府开设的儿童福利院。现存资料可考的我国最早的儿童福利院，是南北朝时期梁武帝设立的"孤独园"。南北朝时期，佛教盛行，梁武帝本人就笃信佛教。也许是受到了佛教慈悲观念的影响，梁武帝于公元521年下令在都城设立孤独园。孤独园专门收养无家可归的孤儿和无人赡养的老人，类似于今天的养老院和儿童福利院的结合体。孤独园的费用由政府供给，因而属于官办性质的福利机构。

唐朝时，武则天在长安和洛阳开设了名为"悲田养病坊"的福利机构。这种机构多建于寺院之内，不仅收养孤儿，救助残疾人与乞丐，还给贫苦的病人发放免费药物。做这些善事的花费是不小的，不过不用担心，政府会给予经济补助，民众也会给寺院捐款。另外，被官府抄家的官员，其财产也会充公到这里。贪官污吏的赃款，变成了扶贫救弱的善款，也是一个好的归宿。武则天以后，悲田养病坊在唐朝逐渐普及。2021年，考古工作者在新疆北庭故城十一号遗址发掘出了几片底部刻字的陶器残片，上面刻有"悲田寺"字样。有学者分析，这就是当年唐朝政府在西域设立的福利机构。

到了宋朝，我国出现了专门的儿童福利院，名为"慈幼局"。1249年，南宋理宗皇帝在都城临安划拨了五百亩官田，开设了第一家慈幼局，这可是世界上最早的官办孤儿院。慈幼局专门收养被遗弃的婴儿，雇用乳母来抚养。

清朝时，孤儿院多被称为"育婴堂"。雍正帝还曾为此发过上谕，鼓励各地修建育婴堂。从雍正二年（1724年）到雍正十三年（1735年），十一年间，全国新建了一百五十八座育婴堂。清朝的育婴堂有一整套的收养制度，运行比较规范。在朝廷的《户部则例》中，有专门一章规定育婴堂的要求。各地的育婴堂，又根据朝廷相关要求，制定了自己的运行章程。比如在接收婴儿时，会记录接收时间，还要记录婴儿的五官四肢状况。另外，还会询问送婴者捡拾婴儿的地点和捡拾状态等相关信息。这些内容都会记录在"收婴册"上,以备存档。如果今后弃婴家庭来认领孩子,要根据当年记录核对,无误后方可领回。

育婴堂的婴儿都是从哪儿来的呢?清朝的城市里有专门的"收婴设施",一般是在城门附近安置一个大木箱,人们捡到被遗弃的婴儿,就会将其放入木箱中。木箱旁有专门的看守者将木箱内的弃婴送至育婴堂,看守者还能因此得到一些跑腿费。这个收婴儿的大木箱,和今天城市里的"婴儿安全岛"非常类似。

婴儿的父母也可以将婴儿直接送至育婴堂,因为弃婴被看作不齿的行为,为了避免身份公开,育婴堂设有保密的"收婴设施"。这种设施可能是一个大抽屉,安装在育婴堂的围墙上。弃婴者在墙外侧将抽屉拉开,将婴儿放入后关上抽屉。育婴堂的工作人员会在墙内侧把抽屉拉开,然后接收弃婴。民国时期的画家丰子恺就曾画过一幅描绘育婴堂接收弃婴的画作,叫《最后的吻》,画中就有这种特殊的"收婴设施"。在清代芜湖的育婴堂,这种收婴设施是一个大转桶。转桶旁边还有个木梆子,放入婴儿后,敲几下木梆子,可以提醒工作人员及时将婴儿抱入堂中。

育婴堂接收孤儿后,一般会为其找一个收养的人家,收养家庭还能每月领到补助。小说《红楼梦》里,秦可卿就是孤儿出身,是其养父秦邦业从养生堂抱回收为养女的。这里的"养生堂"和育婴堂是一回事,但清朝叫育婴堂的更多。如果孤儿没有被领养,则由育婴堂雇用乳母抚养。孤儿五六岁后可以读书，如果十二岁还读不好，就送去学技术。等孤儿长到十六岁，就可以离开育婴堂了。如果是男孩，要么已经读书，要么已经学会了一门手艺，独立生活不成问题。如果是女孩，育婴堂一般会为其找个婆家。由此看来，清代的育婴堂是一管到底的。

　　人类社会的进步是循序渐进的，古代也不一定都是黑暗与落后的。我们今天努力构建的社会福利体系，很多都能在中国古代找到影子或源头。与漫长的人类历史相比，我们现代只是短暂的一瞬。从更高的角度看，古代只是我们的上一秒。

后　记

什么是历史？简言之，就是过去的事。过去的事又分为自然万物之演变和人类社会之发展，即自然之历史和人类之历史。然而，国人对自然历史的目光所及范围，大部分是比较狭窄的，更多关注的是人类历史，而且只是人类历史中的王朝更替等政治事件。大凡此类，仿佛茶余饭后随便聊两句帝王们的奇闻逸事便是在探寻历史的奥秘，而这其实是对历史的狭隘理解。

法国历史学家布罗代尔在1958年提出了著名的"历史三段论"，他认为历史应该依据时间分为三类：短时段、中时段、长时段。短时段历史主要指政治事件，帝王将相之事便属于此类；中时段历史则是社会的、经济的、文化的和人口的历史；长时段历史则反映了人们与地理环境的关系，如地理气候、生态环境的变化。短时段是政治的历史，只构成了历史的表面层次，对整个历史进程只起微小的作用；中时段是社会的历史，对历史进程起着直接和重要的作用；长时段是自然的历史，构成整个历史发展的基础。因此，研究历史不应局限于短时段，而应从中时段和长时段去考察，这样才能从根本上把握历史的总体。

长久以来，我们大众对历史的关注多集中在历史的短时段。本书则立足于历史的中时段，摒弃对帝王将相的关注和对王朝兴衰的探寻，将注意力转移到历史上芸芸众生的日常生活。因为帝王将相离我们普通人太过遥远，王朝兴衰也不由普通民众决定，这些对历史进程的影响只有表层作用，都不会影响中华文明的屹立。相比之下，普罗大众的日常生活才能被我们一般民众真切体会，才是我们之所以为中国人的点点滴滴，才是我们最为重要的文化基因。

我是一名中学历史老师，2009年于东北师范大学历史系毕业，随后躬身中学的三尺讲台，不觉已十年有余。从教期间，我发现学生们对古人的日常生活很感兴趣，特别是对其中的细节充满了好奇。2018年，抖音短视频兴起，我注册了"讲历史的王老师"账号，将古人生活细节的小知识整理上传到抖音，意外获得了大家的喜爱，仅半月时间，粉丝数就涨到一百万。之后，由于工作较忙，加之本人有较重的拖延症，抖音视频更新时断时续，至今大约有一百期，累计播放一亿多次。这期间，陆续有几家公司找我商谈出书事宜。最后，我选择了读客文化股份有限公司，一是基于对这家公司以往成绩的信任，二是我比较喜欢的历史通俗作家与前辈"混子哥"陈磊先生也是这家公司的签约作家。这样，才有了呈现在您面前的这本十余万字的小书。

本人才疏学浅，加之社会生活史的资料繁杂，笔下考证不足和谬误待商榷之处在所难免，在此恳请读者和历史爱好者们批评指正。

最后，感谢您的支持与阅读！

2019年5月16日于长春家中

参考文献

生活篇

[1] 张建林，范培松. 浅谈汉代的厕[J]. 文博，1987（4）：53-58.

[2] 朱晨露. 秦汉"厕所"小议[J]. 秦汉研究，2017，11：170-174.

[3] 阿尔贝托·安杰拉. 古罗马的日常生活[M]. 廖素珊，译. 北京：社会科学文献出版社，2019.

[4] 王志轩. 厕筹杂考[J]. 华夏考古，2010（1）：133-136.

[5] 王丹妮. 中国床的结构及其文化发展演变历程[J]. 湖南包装，2016（3）：52-57.

[6] 谭刚毅. 宋人住多大的房子[M] //陆元鼎. 中国民居建筑年鉴（1988—2008）. 北京：中国建筑工业出版社，2008.

[7] 徐吉军. 宋代衣食住行[M]. 北京：中华书局，2018.

[8] 于赓哲. 隋唐人的日常生活[M]. 西安：陕西人民教育出版社，2017.

[9] 王开玺. 试论中国跪拜礼仪的废除[J]. 史学集刊，2004（2）：18-21.

[10] 周乾. 故宫建筑细探[M]. 上海：上海人民出版社，2022.

[11] 赵九洲. 古代华北燃料问题研究[D]. 南开大学，2012.

[12] 厚宇德. 对"夏造冰"问题的若干看法[J]. 广西民族大学学报（自然

科学版），2007，13（4）：16-22.

[13] 刘彩凤. 驱蚊中草药专利及文献研究[J]. 中医学报，2019，（11）：2467-2470.

[14] 戴丽娟. 清代火镰艺术研究[D]. 福州大学，2018.

[15] 张彦晓. 宋代取火方式述论[J]. 保定学院学报，2020，33（4）：51-55.

[16] 于志勇. 新疆考古发现的钻木取火器初步研究[J]. 西部考古，2008（1）：197-215.

[17] 高宇. 中国古代化妆品制作技艺研究[D]. 安徽医科大学，2018.

[18] 高宇.《齐民要术》中的"合香泽法"模拟实验研究——兼论古代发用类方药的特征[J]. 黄山学院学报，2018，20（1）：16-21.

[19] 沈尔安. 澡豆——古代高级洁肤剂[J]. 家庭中医药，2001，008（001）：43.

[20] 何端生. 我国古代的洗涤剂[J]. 中国科技史料，1983（02）：86，87-88.

[21] 胡同庆. 试探敦煌壁画中的佛教洗浴文化[J]. 敦煌研究，2015（3）：16-21.

[22] 赵双战，赵林娟. 中国古代健齿与牙刷发展[J]. 文博，2005（3）：84-88.

[23] 李星星. 宠物与唐代社会生活[D]. 安徽大学，2017.

[24] 王风扬. 宋人动物饲养与休闲生活[D]. 华东师范大学，2014.

[25] 刘岚. 对"古代中国人寿命与人均粮食占有量"的质疑[J]. 人口研究，2002，26（2）：70-72.

饮食篇

[26] 刘梦娜. 宋代饮食文化的考古学考察[D]. 郑州大学，2018.

[27] 闫艳. 古代"馒头"义辩证——兼释"蒸饼"、"炊饼"、"笼饼"与"包子"[J]. 南京师范大学文学院学报，2003（1）：128-130.

[28] 闫艳. 释"烧饼"兼及"胡饼"与"馕"[J]. 内蒙古师范大学学报（哲学社会科学版），2016，45（5）：100-105.

[29] 蹇雪. 宋代牛业若干问题研究[D]. 河北大学, 2019.

[30] 魏殿金. 中国古代耕牛保护制度及其对后世的影响[J]. 南京财经大学学报, 2007 (148): 94-96.

[31] 李天石, 王淳航. 北宋东京种植蔬菜土地分布影响因素之分析[J]. 中国社会经济史研究, 2012 (3): 10-17.

[32] 王赛时. 唐代饮食中的蔬菜[J]. 扬州大学烹饪学报, 1998 (4): 8-13.

[33] 史天兰.《说文解字》与中国古代烹饪方式[J]. 常州工学院学报（社科版）, 2016, 34 (6): 84-88.

[34] 孙刘伟. 北宋东京饮食文化研究[D]. 郑州大学, 2019.

[35] 宁波. 刍议筷子的起源及其民间文化传承的功能[J]. 文化学刊, 2015 (2): 18-22.

[36] 傅小平. 中国古代餐具研究[J]. 西南民族大学学报（人文社科版）, 2006, 29 (8): 199-207.

[37] 王猛. 我国火锅的历史源流[J]. 农业考古, 2022 (3): 189-194.

[38] 邓炜. 饮食人类学视域下的火锅象征研究[D]. 西南大学, 2019.

[39] 张艺凡, 朱宏斌. 辣椒传入中国的地域文化影响[J]. 农业考古, 2013 (1): 221-224.

[40] 邹学校, 等. 辣椒在中国的传播与产业发展[J]. 园艺学报, 2020, 47 (9): 1715-1726.

[41] 张高举. 从法门寺唐代地宫出土的一套茶具看唐代茶与茶文化的发展和繁荣[J]. 农业考古, 1995 (2): 157-167.

[42] 梁霞. 论佛教与唐宋茶文化[J]. 青海师范大学学报（哲学社会科学版）, 2013, 35 (6): 44-48.

[43] 李霖, 叶依能. 我国古代酿酒技术的发展[J]. 中国农史, 1989 (4): 38-44.

[44] 冯恩学. 中国烧酒起源新探[J]. 吉林大学社会科学学报, 2015, 55 (1): 163-176.

文化篇

[45] 潘丹桂."文言"分合的史脉勾勒与启示[J]. 安徽文学（下半月），2015（10）：128-129.

[46] 徐时仪. 略论现代汉语的渊源和形成[J]. 南开语言学刊，2008（1）：128-139, 169.

[47] 周振鹤. 古代文言与白话相去不远[J]. 党政干部文摘，2002：42.

[48] 黄典诚. 闽南方音中的上古音残余[J]. 语言研究，1982（2）：172-187.

[49] 邓晓华. 中国的语言及方言的分类[M]. 北京：中华书局，2009.

[50] 李新魁. 汉语共同语的形成和发展（下）[J]. 语文建设，1987.

[51] 麦耘，朱晓农. 南京方言不是明代官话的基础[J]. 语言科学，2012，011（004）：337-358.

[52] 耿振生. 再谈近代官话的"标准音"[J]. 古汉语研究，2007（01）：16-22.

[53] 李新魁. 汉语共同语的形成和发展（上）[J]. 语文建设，1987（05）：14-21.

[54] 董建交. 明代官话语音演变研究[D]. 复旦大学，2007.

[55] 叶宝奎. 也谈近代官话的"标准音"[J]. 古汉语研究，2008（04）：54-60.

[56] 邓洪波. 正音书院与清代的官话运动[J]. 华东师范大学学报（教育科学版），1994（03）：79-86.

[57] 程民生. 宋代的翻译[J]. 北京师范大学学报（社会科学版），2013（2）：62-70.

[58] 王向远."翻"、"译"的思想——中国古代"翻译"概念的建构[J]. 中国社会科学，2016（02）：138-156.

[59] 徐世康. 两宋时期的翻译活动[D]. 上海师范大学，2014.

[60] 孙玮. 中国古代的姓和氏[J]. 临沂师专学报（社会科学版），1988（1）：53-55.

[61] 朱筱新. 古代的帝号[J]. 百科知识，2009（14）：52-53.

[62] 杨果. 宋人谥号初探[J]. 史学月刊，2003（7）.

[63] 冯天瑜. 明清年号探微[J]. 武汉大学学报（人文科学版），2016，69（3）：23-33.

[64] 乐三. 年号与改元[J]. 徐州师范学院学报，1984（2）：122-123.

[65] 郑长波. 农历置闰月方法的解析[J]. 辽宁师专学报，2012，14（2）：1-3.

[66] 徐金超. 中国古代的历法是阴历吗——2013年海南卷第26题材料引用指瑕[J]. 历史教学，2014（9）：41-43.

[67] 刘振生. 宋代更鼓制度研究[D]. 河南大学，2014.

[68] 夏玉润. 中国古代都城"钟鼓楼"沿革制度考述[C]. 中国紫禁城学会论文集（第七辑），2010：595-630.

[69] 彭卫. 秦汉人身高考察[J]. 文史哲，2015（6）：20-44.

[70] 赵晓军. 中国古代度量衡制度研究[D]. 中国科学技术大学，2007.

[71] 程鹏万. 简牍帛书格式研究[D]. 吉林大学，2006.

情感篇

[72] 常建华. 中国古代岁时节日[M]. 北京：中国工人出版社，2020.

[73] 刘忠良. 七夕节非情人节的历史考证[J]. 攀枝花学院学报，2022，39（6）：92-100.

[74] 刘利鸽. 明清时期男性失婚问题及其治理[J]. 浙江社会科学，2009（12）：78-82.

[75] 刘佳. 纳妾习俗与清人的家庭生活[D]. 福建师范大学，2008.

[76] 裴葭椴. 中国古代婚龄立法问题初探[D]. 苏州大学，2009.

[77] 陈顾远. 中国婚姻史[M]. 北京：商务印书馆，2014.

[78] 何春红. 关于抢婚习俗的文化人类学解释[J]. 黑龙江民族丛刊（双月刊），2007（1）：133-135.

[79] 梁艳. 掀起"婚娶"的红盖头——藏族的抢婚习俗与文化[J]. 赤峰学院学报（汉文哲学社会科学版），2014，35（11）：145-147.

[80] 陈启新，董红. 中国民族抢婚习俗研究[J]. 中南民族学院学报（哲学社会科学版），1993（6）：43-48.

[81] 张珣. 浅谈我国古代妻妾的法律地位[J]. 法制与社会, 2012（19）: 3-4.
[82] 郑丽. 浅析中国古代的离婚制度[J]. 前沿, 2011（8）: 84-86.
[83] 廖克环. 中国古代"义绝"离婚制度研究[D]. 西南政法大学, 2005.
[84] 陈益民. "绿帽子"考[J]. 寻根, 2016（5）: 53-56.
[85] 蒋桦. 中国传统"青色"研究[D]. 西南大学, 2022.

社会篇

[86] 黄冕堂. 中国历代物价问题考述[M]. 济南: 齐鲁书社, 2008.
[87] 程民生. 论宋代钱陌制[J]. 中国史研究, 1996（3）: 74-82.
[88] 张建朋. 从明清白话小说看当时的银两制度[J]. 中国钱币, 2020（6）: 3-8.
[89] 周卫荣, 杨君. 中国古代银锭形制演变刍议[J]. 中国钱币, 2014（4）: 14-17.
[90] 李兰. 扑满考略[J]. 中国钱币, 2007（3）: 37-42.
[91] 乔玲. 西汉赋税制度研究[D]. 南昌大学, 2006.
[92] 赵为之. 西汉赋税种类探究[D]. 西北师范大学, 2011.
[93] 曹福铉. 宋代四川地区的盐价研究[J]. 宋史研究论丛, 2020（2）: 3-11.
[94] 史继刚. 中国古代私盐的产生和发展[J]. 盐业史研究, 2003（4）: 8-13.
[95] 林文勋. 中国古代专卖制度的源起与历史作用——立足于盐专卖制的考察[J]. 盐业史研究, 2003（3）: 9-17.
[96] 张译戈. 清末民初的民信局[D]. 武汉大学, 2021.
[97] 王力鑫. 睡虎地木牍家书研究[D]. 中央民族大学, 2015.
[98] 王俊. 中国古代邮驿[M]. 北京: 中国商业出版社, 2015.
[99] 李龙. 杨贵妃所嗜荔枝贡地考辨[J]. 西南石油大学学报（社会科学版）, 2016, 18（5）: 86-90.
[100] 王建纬. "挡箭碑"及其民俗学意义[J]. 四川文物, 1996（3）: 47-48.

[101] 山根幸夫. 明代"路程"书考[C]. 第五届中国明史国际学术讨论会暨中国明史学会第三届年会论文集，1993：136-139.

[102] 吴志宏. 明代旅游图书研究[D]. 南开大学，2012.

[103] 黄敬斌. 十八世纪以降江南居民的消费[D]. 复旦大学，2006.

[104] 李春燕. 宋代太学研究[D]. 华东师范大学，2020.

[105] 韩凤山. 唐宋官学制度研究[D]. 东北师范大学，2003.

[106] 郭齐家. 中国古代学校[M]. 北京：商务印书馆，1998.

[107] 杜家骥. 清代的皇族教育[J]. 故宫博物院院刊，1990（2）：88-92.

[108] 赵萌. 石成金《传家宝》研究[D]. 东北师范大学，2015.

[109] 刘佳佳. 明清女子教育初探[D]. 山东师范大学，2012.

[110] 邓文博. 唐宋女子教育研究[D]. 四川师范大学，2010.

[111] 张功荣. 古代蒙书识字写字教材、教法研究[D]. 云南师范大学，2013.

[112] 宋志霞. 中国古代蒙学文献研究[D]. 山东大学，2013.

[113] 王凯旋. 明代科举制度研究[D]. 吉林大学，2005.

[114] 刘海峰. 八股文百年祭[J]. 厦门大学学报（哲学社会科学版），2001（4）：90-97.

[115] 高明扬. 科举八股文专题研究[D]. 浙江大学，2005.

[116] 高移东. 鱼符、鱼袋研究[J]. 文博学刊，2020（2）：35-61.

[117] 王颜. 论唐宋时期社会救助机制的变化及特点[D]. 陕西师范大学，2007.

[118] 吴清秀. 宋代城市穷民的社会救助[D]. 浙江师范大学，2012.

[119] 郑瑞鹏. 宋代漏泽园制度研究[D]. 浙江师范大学，2015.

[120] 龙富润. 清代慈幼育婴事业研究[D]. 云南大学，2019.

[121] 陈丽华. 清代育婴堂的法律规制探析[D]. 苏州大学，2016.